1 À la télé ce soir (pages 6–7)

1 Ça t'intére

1 Casse-tête! Copie le texte dans le bon ordre.

Salut! Je m'appelle Justine. Je suis en quatrième, donc j'ai beaucoup de devoirs, surtout en maths et en anglais. Je les fais tous …

temps en temps, le mercredi soir ou le week-end. Je joue au

regarde le samedi soir et pendant les vacances. Mais ma sœur

les soirs, de six heures à neuf heures. J'aime bien la télé, mais je ne

je les lis après neuf heures, dans ma chambre.

la regarde tout le temps, surtout les séries, comme

la regarde pas souvent pendant la semaine, à cause du travail scolaire. Je la

sport, mais ça aussi, c'est un problème, à cause des devoirs. Je le fais de

rarement des livres, mais j'achète souvent des magazines de foot et

foot avec mes copains, ou on joue au volley dans le parc. Je lis

Sous le soleil. Elle adore ça! Moi, j'adore faire du

Expo-langue
A direct object pronoun replaces a noun which is the object of the sentence.

	masculin	féminin
it	le/l'	la/l'
them	les	les

2 De quoi s'agit-il dans ces phrases de Justine?
What is Justine referring to in these sentences?

1 Je ne la regarde pas souvent.   la télé
2 Je les achète souvent.   _____
3 Je le fais de temps en temps.   _____
4 Je les lis rarement.   _____
5 Je les fais tous les soirs.   _____
6 Ma sœur les regarde tout le temps.   _____

3 Adapte le texte de l'exercice 1. Écris un paragraphe sur tes devoirs, la télé, le sport et la lecture.

… j'ai beaucoup de devoirs, surtout en français. Je les fais tous les soirs, de quatre heures et demie à …

3

2 On va au cinéma? (pages 8–9)

1 Lis le texte et les phrases. Vrai (✓), faux (✗) ou on ne sait pas (?)?

Interview avec Guillaume Grossetête, vedette du cinéma

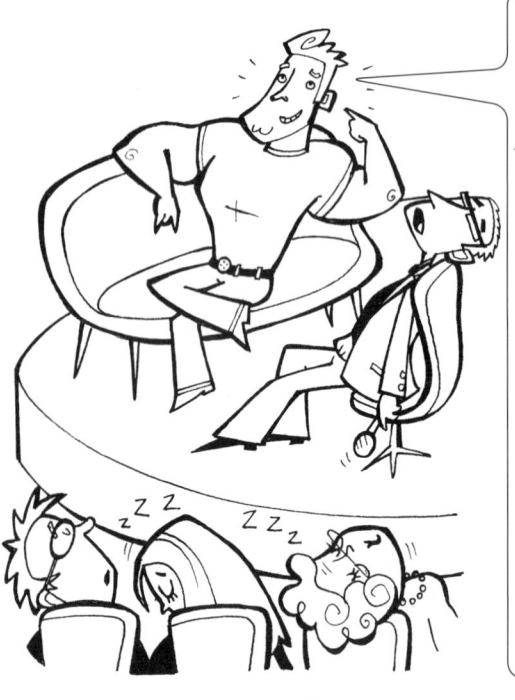

En 2004, j'ai joué dans le film d'action *Muscles au maximum*, avec Jean-Claude Vin Blanc et après, j'ai pris le rôle du héros dans le film policier *Johnny Malchance*, mais j'ai quitté ce film à cause d'un accident à la tour Eiffel, en 2005. Alors, je suis allé en vacances en Guadeloupe avec ma petite copine. À l'hôtel, on a bien mangé, on a bu du champagne et on a regardé mes films en DVD. C'était parfait! Ensuite, j'ai attendu un bon rôle et finalement j'ai choisi le film *Robot, je t'aime* – c'est un film de science-fiction, mais c'est une histoire d'amour aussi. C'est un très bon film. Et puis en juillet dernier, j'ai fini mon dernier film, *Lapin et serpent*. C'est un film d'arts martiaux et j'ai fait beaucoup de préparation pour mon rôle: du karaté, du judo, du kickboxing. Ah, oui, avez-vous vu mon film d'horreur de 2002, *Un vampire dans la salle de bains*? C'est fantastique et on le passe à la télé ce soir.

1 Guillaume a joué le héros de *Johnny Malchance*.
2 Dans *Muscles au maximum*, Guillaume a travaillé avec Jean-Claude Vin Blanc.
3 Guillaume a joué le rôle d'un robot dans le film *Robot, je t'aime*.
4 On a vu Guillaume dans un film d'horreur à la télé hier.
5 Guillaume a fait du kickboxing pour son dernier film.
6 La petite copine de Guillaume a regardé *Lapin et serpent*.
7 Guillaume a aimé ses vacances en Guadeloupe.
8 Guillaume n'est pas allé à Paris en 2005.

2 Imagine que tu es Jean-Claude Vin Blanc. Écris une paragraphe sur tes films. Utilise les verbes et les conjonctions dans les cases. Invente les titres des films et les autres détails.

| jouer | prendre | regarder | voir | finir | travailler |
| et | mais | ensuite | après | puis | finalement |

En 2003, j'ai joué le rôle du héros dans la comédie *Un cheval qui s'appelle Pierre* …

1 Ça t'intéresse? **Cahier Rouge**

3 Ma vie, ma musique! [pages 10–11]

1 **Lis le texte, puis copie et complète les phrases.**

Salut! Je m'appelle Draculina et je suis vampire! Normalement le week-end, je me réveille à minuit et je me lève vers minuit et demie. Je prends mon petit déjeuner avec ma famille, dans la cave du château où j'habite et après je me brosse les dents (c'est très important pour un vampire!). Mais le week-end dernier, c'était l'anniversaire de mon petit copain, Draci (il a cent quatorze ans). Alors, je me suis levée tôt (à quatre heures de l'après-midi - quelle horreur!) et je suis allée en ville. J'ai acheté un cadeau pour Draci: un CD de son groupe préféré, Les Araignées Vénéneuses (il adore le R & B). Ensuite, je me suis couchée, mais je me suis levée à minuit moins le quart, pour la fête d'anniversaire de Draci. Je me suis douchée et je me suis habillée en noir et en rouge (ce sont mes couleurs préférées). La fête était super! J'ai dansé avec Draci et on a mangé du gâteau aux souris. C'était délicieux!

Expo-langue – Reflexive verbs

present tense
je me réveille
tu te lèves
il/elle/on se douche

perfect tense
je me suis réveillé(e)
tu t'es levé(e)
il/elle/on s'est douché(e)(s)

1 D'habitude, Draculina _se lève_ vers minuit et demie.

2 Après le petit déjeuner, elle _____.

3 Elle a acheté un cadeau en ville, puis elle _____.

4 Elle s'est levée et ensuite elle _____.

5 Pour la fête d'anniversaire elle _____ en noir et en rouge.

2 **Réponds aux questions en français.**

1 À quelle heure **Draculina se réveille-t-elle le week-end**?

   Le week-end, elle se réveille à minuit.

   💡 Use the language of the questions to help you answer them! Look at the bold text in number 1.

2 Où est-ce qu'elle prend son petit déjeuner?

   _____

3 Quel âge a Draci?

   _____

4 À quelle heure est-ce que Draculina s'est levée le week-end dernier?

   _____

5 Quelle sorte de musique est-ce que Draci aime?

   _____

4 Tu aimes la lecture? [pages 12–13]

1 Ça t'intéresse? **Cahier Rouge**

1 Casse-tête! Copie et complète le texte. Puis fais le puzzle.

Est-ce que tu aimes la (1) _____? Moi, j'aime (2) _____ les livres d'(3) _____. Mon (4) _____ préféré est Stephen King, mais je (5) _____ aussi les (6) _____ de James Herbert. À part ça, j'(7) _____ lire les BD, comme (8) _____ ou Tintin. Le (9) _____ prochain, je (10) _____ acheter *Astérix chez les Normands*. Pendant les vacances, on va visiter le Musée de la bande (11) _____, à Angoulême. Mes parents aiment lire des livres de (12) _____, mais ma mère achète aussi des (13) _____ féminins et ma sœur est (14) _____ des magazines de (15) _____ pop.

2 Qu'est-ce que tu vas faire le week-end prochain? Écris un paragraphe.

Samedi/dimanche (matin/après-midi/soir), je vais (acheter/aller/faire/jouer …)

1 Ça t'intéresse? **Cahier Rouge**

5 De quoi s'agit-il? [pages 14–15]

1 Lis le texte et trouve les verbes au présent, au passé et au futur. Copie et complète la grille.

Je m'appelle Océane. J'aime beaucoup lire et mon auteur préféré, c'est J. K. Rowling. J'adore les livres de Harry Potter – je les lis tout le temps! Mon livre préféré de la série est *Harry Potter et la Chambre des Secrets*. Je l'aime parce que l'histoire est intéressante et originale. Mes personnages préférés sont Hagrid et Dobby – ils sont marrants.

L'année dernière, j'ai lu le quatrième livre de Harry Potter et il y a trois jours, j'ai fini le cinquième livre: *Harry Potter et l'Ordre du Phénix*. Dans ce livre, le héros, Harry Potter, doit combattre son ennemi Voldemort. À mon avis, le livre était passionnant et émouvant, mais un peu trop long.

La semaine prochaine, je vais acheter le troisième film de Harry Potter en DVD. Mercredi après-midi, mes copains vont venir chez moi. Ils sont tous fans de Harry Potter et on va regarder le film ensemble.

Présent	Passé	Futur
je m'appelle	j'ai lu	je vais acheter

2 Réponds aux questions en français.

1 Quel genre de livres est-ce que Océane aime lire?
_____

2 Pourquoi aime-t-elle *Harry Potter et la Chambre des Secrets*?
_____

3 Qui sont ses personnages préférés et pourquoi?
_____

4 Combien de livres de Harry Potter a-t-elle lu?
_____

5 Quel livre a-t-elle fini il y a trois jours?
_____

6 Quelle est son opinion sur ce livre?
_____

7 Qu'est-ce qu'elle va faire la semaine prochaine?
_____

8 Pourquoi ses copains vont-ils venir chez Océane?
_____

En plus

1 **Lis rapidement le texte et trouve l'essentiel.**
   Read the text quickly for gist.

Hergé
Le créateur de Tintin

Georges Remi, alias Hergé, est né le 22 mai 1907, près de Bruxelles, en Belgique. À quatorze ans, il a commencé à dessiner des histoires pour le journal *Le Boy-Scout belge*. C'était en 1924 qu'il a signé ses dessins 'Hergé' pour la première fois. 'Hergé' (R.G.), ce sont les initiales inversées de Georges Remi!

Après avoir fini ses études, Georges a travaillé pour le journal *Le Vingtième Siècle*, où il est devenu apprenti photographe et illustrateur. Trois ans plus tard, le directeur du journal, impressionné par les talents d'Hergé, a décidé de créer un supplément pour les jeunes, *Le Petit Vingtième*, et il a nommé Hergé rédacteur en chef du nouveau journal.

© Hergé/Moulinsart 2005

C'était le 10 janvier 1929 que le journaliste Tintin et son petit chien blanc, Milou, ont apparu pour la première fois, dans les pages du *Petit Vingtième*. Leur première aventure s'intitulait *Tintin au pays des Soviets*. Comme suite, Hergé a envoyé son jeune héros en Afrique (*Tintin au Congo*, 1931), en Amérique (*Tintin en Amérique*, 1932), en Égypte (*Les Cigares du pharaon*, 1934) et en Chine (*Le Lotus bleu*, 1936).

En 1942, la maison Casterman a proposé de publier les aventures de Tintin en albums de 64 pages et *L'Étoile mystérieuse* était donc la première aventure 'Tintin' qu'on pouvait lire en couleur.

Grâce au journal *Tintin*, créé le 26 septembre 1946, Hergé est devenu réellement célèbre et le succès des albums était énorme, atteignant le million d'albums en 1960. En 1950, Hergé a fondé les Studios Hergé, où il travaillait avec une dizaine de collaborateurs sur 11 nouvelles aventures de Tintin, dont la dernière était *Tintin et les Picaros*, en 1979. Il existe aussi une aventure que Hergé n'a pas finie: *Tintin et l'Alph-Art*. Hergé est mort le 3 mars 1983.

À part les 23 albums publiés, deux films Tintin étaient réalisés avec des acteurs: *Le Mystère de la Toison d'or* en 1961 et *Tintin et les oranges bleues* en 1964. Le rôle du héros était joué par le jeune Belge Jean-Pierre Talbot. On a aussi fait deux dessins animés de long métrage: *Le Temple du Soleil* en 1969 et *Tintin et le lac des requins* en 1972.

1 Ça t'intéresse? **Cahier Rouge**

> 💡 Use context, logic and your knowledge of French grammar to help you understand the text. Look for (near-)cognates too, but beware of 'false friends' (words which look like English words, but mean something different). See exercise 2.

2 Relie les 'faux amis'.

1 journal   a comic-strip book
2 dizaine   b stories
3 album   c newspaper
4 dessins   d made, created
5 histoires   e about ten
6 réalisés   f drawings

3 Mets les phrases en anglais dans l'ordre du texte.

1 First Tintin book in full colour published.
2 Hergé went to work for a newspaper.
3 Two Tintin cartoon films made.
4 Tintin and Snowy appeared in print for the first time.
5 Georges Remi signed his drawings 'Hergé' for the first time.
6 Hergé died.
7 A Tintin story set in China was published.
8 The last Tintin book came out.

4 Réponds en anglais.

1 How old was Hergé when he started drawing for a boy scouts' newspaper?
2 Where does the name 'Hergé' come from?
3 Why did the first Tintin story appear in the newspaper *Le Petit Vingtième*?
4 In which Tintin story does he go to China?
5 How long were the Tintin books?
6 How did Hergé manage to produce eleven Tintin adventures in the 1950s, '60s and '70s?
7 What is different about the story *Tintin et l'Alph-Art*?
8 Who played Tintin in the two live-action films?

Mots

Les émissions de télévision / Television programmes

un jeu télévisé — *a game show*
une comédie — *a comedy*
une émission de science-fiction — *a science-fiction programme*
une émission de sport — *a sports programme*
une émission de télé-réalité — *a reality TV programme*
une émission musicale — *a music programme*
une série (policière) — *a (police) soap/series*
une série (médicale) — *a (hospital) soap/series*

Quand? / When?

tout le temps — *all the time*
tous les soirs — *every evening*
une/deux fois par semaine — *once/twice a week*
le week-end — *at the weekend*
toutes les semaines — *every week*
souvent — *often*
de temps en temps — *from time to time*
rarement — *rarely*
en ce moment — *at the moment*
maintenant — *now*
le samedi — *on Saturdays*

Le cinéma / Cinema

un dessin animé — *a cartoon*
un film d'action — *an action film*
un film d'arts martiaux — *a martial arts film*
un film d'horreur — *a horror film*
un film de guerre — *a war film*
un film de science-fiction — *a science-fiction film*
un film policier — *a detective film*
un western — *a Western*
une comédie — *a comedy*
une histoire d'amour — *a love story*
un acteur (une actrice) — *an actor, actress*
les effets spéciaux — *special effects*

Au passé / In the past

j'ai … — *I …*
on a … — *we …*
… regardé — *… watched*
… mangé — *… ate*
… acheté — *… bought*
… choisi — *… chose*
… attendu — *… waited*
… bu — *… drank*
… vu — *… saw*
… quitté (la maison) — *… left (the house)*
… pris (le bus) — *… took (the bus)*
je suis … — *I …*
… allé(e) — *… went*
… arrivé(e) — *… arrived*
… entré(e) — *… went in*
on est … — *we …*
… allé(e)s — *… went*
… arrivé(e)s — *… arrived*
… entré(e)s — *… went in*
le week-end dernier — *last weekend*
samedi dernier — *last Saturday*
il y a (deux jours) — *(two days) ago*

La musique / Music

Je préfère … — *I prefer …*
le hip-hop — *hip-hop*
le jazz — *jazz*
le R&B — *R&B*
le rap — *rap*
le reggae — *reggae*
la techno — *techno*

1 Ça t'intéresse? **Cahier Rouge**

Mots

La routine — *Routine*
Je me réveille. — *I wake up.*
Je me lève. — *I get up.*
Je me douche. — *I have a shower.*
Je me brosse les dents. — *I clean my teeth.*
Je m'habille. — *I get dressed.*
Je me couche. — *I go to bed.*
Je prends mon petit déjeuner. — *I have breakfast.*
Je quitte la maison. — *I leave the house.*

Le week-end dernier — *Last weekend*
Je me suis réveillé(e). — *I woke up.*
Je me suis levé(e). — *I got up.*
Je me suis douché(e). — *I had a shower*
Je me suis habillé(e). — *I got dressed.*
Je me suis brossé les dents. — *I brushed my teeth.*
Je me suis couché(e). — *I went to bed.*
J'ai pris mon petit déjeuner. — *I had breakfast.*
J'ai quitté la maison. — *I left the house.*

Lecture — *Reading*
les magazines de foot(ball) — *football magazines*
les magazines de musique pop — *pop music magazines*
les magazines féminins — *women's/girls' magazines*
les BD (bandes dessinées) — *comic books*
comme (Tintin) — *like (Tintin)*
surtout (Astérix) — *especially (Asterix)*
les livres d'Harry Potter — *Harry Potter books*
les livres d'horreur — *horror books*
les livres de science-fiction — *science-fiction books*
Je suis fan de … — *I'm a fan of …*
un de mes auteurs préférés, c'est … — *one of my favourite authors is …*

Projets d'avenir — *Future plans*
je vais … — *I'm going to …*
on va … — *we're going to …*
écouter — *listen to*
finir — *finish*
prendre — *take*
voir — *see*
aujourd'hui — *today*
demain — *tomorrow*
samedi prochain — *next Saturday*
le week-end prochain — *next weekend*

C'était comment? — *What was it like?*
C'était … — *It was …*
affreux — *terrible*
bien — *good*
émouvant — *moving*
ennuyeux — *boring*
intéressant — *interesting*
marrant — *funny*
nul — *rubbish*
pas mal — *not bad*
passionnant — *exciting*
(peu) original — *(un)original*
plein d'action — *full of action*

1 Ça t'intéresse? **Cahier Rouge**

J'avance!

1. Record your levels for Module 1.
2. Set your targets for Module 2.

Skill	Levels at end of Module 1	Target levels for Module 2
Listening		
Speaking		
Reading		
Writing		

3. Fill in what you need to do to help you achieve these targets. For information about the level you are aiming for in each skill, see pages 63–64. An extra box has been added in case you have a personal target that spans across all four skills, for example to do with improving your study skills or language-learning skills.

Listening	
Speaking	
Reading	
Writing	
Personal target	

2 L'avenir **Cahier Rouge**

1 Qu'est-ce qu'on fera demain? [pages 24–25]

1 **Casse-tête!** Copie et complète le texte. Il y a plusieurs possibilités!

Expo-langue
To form the future tense with **on**, add the ending **–a** to the future stem.

> Voici notre programme pour demain:
> À 9h, on fera ●●●, puis à 11h15 on regardera ●●●. On ●●● à la cantine à midi et après, vers 14h30, on jouera ●●●. Le soir, à 20h, on ira ●●● ou on ●●● de la natation. On ●●● à la maison vers 22h30.

2 Lis le texte. Quelles sont les promesses de Léa et Louis? Écris un paragraphe pour eux.

Vous regardez tous les soirs la télé et vous ne faites pas de sport!

Vous jouez tout le temps aux jeux d'ordinateur et vous ne faites pas vos devoirs!

Vous rentrez à onze heures du soir et vous ne travaillez pas au collège!

Vous mangez trop de frites et pas assez de fruits!

Vous écoutez beaucoup de musique pop, mais vous n'écoutez pas vos parents!

Vous allez au cinéma tous les week-ends et pas chez votre grand-mère!

trop de – *too much*
moins de – *less*
plus de – *more*
assez de – *enough*
votre/vos – *your*
notre/nos – *our*

D'accord, maman. On regardera moins la télé et on fera plus de sport.

2 Les prédictions [pages 26–27]

1 **Lis les prédictions de Madame Pagaille. Puis regarde l'opinion de Christophe et corrige les erreurs de Madame Pagaille.**

À vingt ans, tu iras à l'université, à Montréal, au Canada. Après, tu feras le tour du monde avec des copains. Tu iras en Australie, où tu rencontreras la femme de tes rêves. Tu parleras trois langues et tu seras professeur de langues dans un collège. Plus tard, à trente ans, tu auras deux enfants et tu seras assez riche. Tu habiteras à Sydney, avec ta famille et tu seras très heureux.

- 20 ans: bénévolat en Afrique
- université, à Londres
- 30 ans: infirmier/États-Unis/femme de mes rêves
- 1 enfant, 2 chiens
- appartement à New York
- pas très riche, mais heureux

Expo-langue
The future tense verb ending for **je** is **–ai** and for **tu** is **–as**.

C'est faux. À vingt ans, je ferai du bénévolat en Afrique. Après, je _____

_____

_____

_____

2 **Choisis un personnage ou une célébrité et fais des prédictions ridicules pour lui/elle!**

Utilise ces verbes et un dictionnaire, si tu veux:

| se marier avec – *to get married to* | acheter – *to buy* |
| écrire – *to write* (NB tu écriras) | quitter – *to leave* |

Bart Simpson, à vingt-cinq ans, tu seras président des États-Unis.

Tu seras … /auras … / feras …

_____

_____

_____

2 L'avenir **Cahier Rouge**

3 Que feras-tu quand tu quitteras le collège? (pages 28–29)

1 Copie et améliore le texte. Utilise tous ces mots et phrases:
Copy and improve the text. Use all these words and phrases:

| quand | où | et | plus tard dans la vie | si j'ai de bonnes notes |
| parce que | quand je serai diplômé | peut-être | si possible |

Quand je quitterai le collège, j'irai au lycée, où je continuerai …

_____

_____

_____

_____

_____

Arthur

Je quitterai le collège. J'irai au lycée. Je continuerai mes études de sciences. Je voudrais travailler comme médecin. Je quitterai le lycée à 18 ans. J'irai à l'université. Je ferai une licence de médecine. Je voudrais travailler à l'étranger, au Canada. Je voudrais rencontrer une belle Canadienne. Je voudrais me marier avec elle!

> **Expo-langue**
> To say when something will happen in the future, you use **quand** + **the future tense**:
> **Quand je quitterai** le collège, **j'irai** au lycée.

2 Imagine que tu es Léane. Regarde les détails et écris un paragraphe sur elle. Adapte ton texte de l'exercice 1.

Collège → lycée (français, espagnol)/travailler comme agent de voyages
Lycée → université (licence de marketing)
Travailler en France/beau Français/me marier avec lui

Léane

_____

_____

_____

_____

15

2 L'avenir — Cahier Rouge

4 Pourquoi apprendre les langues?

(pages 30–31)

1 Lis le texte et réponds aux questions en anglais.

> Je m'appelle Andrew Hutchinson. J'ai fait une licence de français et j'ai travaillé comme professeur de langues. Maintenant, j'écris des livres scolaires pour des élèves qui apprennent le français dans des collèges partout en Grande-Bretagne. Donc je dois bien parler cette langue!
>
> Ma sœur Suzanne travaille pour une société de maisons de vacances. Elle a appris le français au collège, mais comme elle doit téléphoner et envoyer des e-mails à des collègues en Espagne et au Portugal, elle veut aussi apprendre l'espagnol. Dans l'industrie des loisirs, pouvoir parler des langues étrangères est un grand avantage.
>
> Le mari de Suzanne, mon beau-frère Colin, est mécanicien pour une équipe de voitures de rallye. En été, Colin doit transporter les voitures en camion à des rallyes partout en Europe. Dans son travail il est utile de pouvoir parler un peu plusieurs langues; par exemple, pour demander la route ou trouver un hôtel.
>
> Et ma copine Cathy travaille pour une entreprise qui crée des sites web pour le secteur du tourisme. Comme l'entreprise a des clients importants en Europe (y compris Disneyland Paris), elle voyage beaucoup et pouvoir communiquer avec ses clients dans leur propre langue est essentiel à son travail.

Who might have to do the following and why?

1 Ask the way in a foreign country?

2 Speak to customers face-to-face in their own language?

3 Write accurately in French?

4 Learn to write and speak a new language?

2 Vrai ou faux?

1 Suzanne parle espagnol.

2 Colin voyage souvent en Europe.

3 Andrew travaille maintenant comme professeur.

4 Cathy doit parler couramment les langues.

5 Andrew écrit des textes en français.

6 Suzanne travaille dans l'industrie des loisirs.

7 Colin est mécanicien dans un hôtel.

3 Écris un résumé en anglais sur deux des personnes de l'exercice 1.

2 L'avenir **Cahier Rouge**

5 Étude de cas: David East [pages 32–33]

1 Lis ces extraits du texte sur David East et complète la grille.

> Il a négocié des prix intéressants avec les restaurateurs et les commerçants locaux.

> Le français était utile comme langue commune entre David et les habitants.

> Il enseigne la voile, la planche à voile et le jet-ski aux vacanciers.

		Meaning
1	commun (*masculine singular*) _____ (*feminine singular*)	common
2	local (*masculine singular*) _____ (*masculine plural*)	local
3	vacances _____	holidays holiday-makers
4	restaurant _____	restaurant restaurant-owners
5	commerce _____	business shop-keepers
6	habiter _____	to live inhabitants

2 **Casse-tête!** Remplis la grille. Devine! Puis vérifie dans un dictionnaire.

> The words in this grid follow similar patterns to the words in exercise 1.

		Meaning
1	_____ (*masculine singular*) amicaux (*masculine plural*)	friendly
2	école _____	primary school primary school pupils
3	voyage _____	journey travellers
4	participer _____	to participate participants/people taking part

3 Fais des phrases avec les nouveaux mots (1–4) de l'exercice 2. Écris au moins une phrase au présent, une phrase au passé composé et une phrase au futur.

En plus

1 **Lis le texte. Relie le français et l'anglais.
Utilise un dictionnaire, si nécessaire.**

Week-end de la Randonnée et des Sports

- Randonnées pédestres, équestres, VTT, canoë-kayak
- Randonnée nocturne aux flambeaux le samedi soir
- Démonstrations sportives: attelage, VTT, tir à l'arc, escalade, vol libre, street hockey, cerf volant …
- Animations gratuites pour les enfants (jeux géants, atelier de peinture …)
- Garderie gratuite
- Patrimoine, hébergement, restauration sur le site
- Grand concours avec de nombreux lots à gagner

Programme disponible à partir de fin juillet

1	randonnée pédestre	a	archery
2	VTT	b	rock-climbing
3	attelage	c	horse and cart
4	tir à l'arc	d	painting workshop
5	escalade	e	hang-gliding
6	vol libre	f	mountain biking
7	cerf volant	g	kite flying
8	atelier de peinture	h	hiking

2 **Imagine que tu vas au Week-end de la Randonnée et des Sports avec des copains/copines. Qu'est-ce que vous ferez? Écris un paragraphe.**

D'abord, je ferai/on fera … ou je regarderai/on regardera la démonstration de …/je jouerai/on jouera … Ensuite/Après, je/on …

2 L'avenir **Cahier Rouge**

3 Ces verbes sont au présent, au passé ou au futur? Copie les verbes dans la grille.

| on mangera   il est allé   j'ai fait   tu feras   c'était   on rentrera   j'adore |
| on a regardé   je ferai   on regardera   c'est   j'ai joué   il a fait |

Présent	Passé	Futur
		on mangera

4 Lis et complète le dialogue. Choisis les bonnes verbes de l'exercice 3. Attention! On parle du présent, du passé ou du futur?

- Salut, Julien, tu es au Week-end de la Randonnée et des Sports?
- Ah oui, (1) _____ super!
- Qu'est-ce que tu as fait comme activités?
- D'abord, (2) _____ du canoë-kayak. C'était chouette. Après, j'ai regardé une démonstration d'attelage parce que (3) _____ les chevaux. Ensuite, (4) _____ au street hockey. C'était pas mal.
- Et ta famille est là aussi?
- Oui, je suis avec mes parents et mon petit frère. Ce matin, (5) _____ à l'atelier de peinture parce qu'il adore le dessin, puis (6) _____ de la natation avec ma mère et après, (7) _____ la démonstration de cerf volant. Les cerfs volants étaient de toutes les couleurs et (8) _____ fantastique.
- Et qu'est-ce que (9) _____ ce soir?
- Comme le Week-end de la Randonnée et des Sports continue demain, on restera ici ce soir – on fera du camping.
- Ah bon? Qu'est-ce que vous ferez comme activités demain?
- (10) _____ une randonnée pédestre, avec ma famille. Ouf! Trois heures de marche à pied! Ce sera fatigant. Après, (11) _____ la démonstration de tir à l'arc, (12) _____ une pizza et (13) _____ à la maison vers trois heures.
- Chouette! Alors, amusez-vous bien!
- Merci, au revoir!

5 Imagine que tu es au Week-End de la Randonnée et des Sports, avec des copains/copines. Qu'est-ce que tu as fait? Pourquoi? C'était comment? Et qu'est-ce que vous ferez demain? Écris un paragraphe.

19

Mots

Qu'est-ce qu'on fera?	*What will we do?*	**Les projets d'avenir**	*Future plans*
demain ...	*tomorrow ...*	Je suis en troisième.	*I'm in Year 9/S2.*
on mangera	*we'll eat*	Je serai à l'université.	*I will be at university.*
on ira	*we'll go*	Je parlerai couramment trois langues.	*I will speak three languages fluently.*
on regardera	*we'll watch*	Je ferai du bénévolat.	*I will do voluntary work.*
on jouera	*we'll play*	J'habiterai aux États-Unis.	*I will live in the USA.*
on rentrera	*we'll go home*	Je ferai le tour du monde.	*I will go round the world.*
on écoutera	*we'll listen to*	Je rencontrerai la femme/l'homme de mes rêves.	*I will meet the woman/man of my dreams.*
on fera	*we'll do/make*	J'aurai quatre enfants.	*I will have four children.*
on n'ira pas	*we won't go*	Je serai heureux (heureuse).	*I will be happy.*
on ne mangera pas	*we won't eat*	à 16 ans ...	*at the age of 16 ...*
après	*afterwards*	en ce moment	*now*
d'abord	*(at) first*		
puis	*then*		

À la Fête de la musique	*At the music festival*	**La météo**	*The weather forecast*
la chorale	*the choir*	aujourd'hui ...	*today ...*
un concours	*a competition*	demain ...	*tomorrow ...*
la fanfare	*brass band*	il fera chaud	*it will be hot*
une grillade	*a barbecue*	il fera froid	*it will be cold*
la musique rap	*rap music*	il y aura du soleil	*it will be sunny*
l'orchestre	*the orchestra*	il y aura du vent	*it will be windy*
		il pleuvra	*it will rain*
		il neigera	*it will snow*
		le ciel sera couvert	*the sky will be overcast*
		partout	*everywhere*

Mots

2 L'avenir — Cahier Rouge

Quand je quitterai le collège ...	*When I leave school ...*
J'apprendrai le français.	*I will learn French.*
J'aurai mon propre garage.	*I will have my own garage.*
Je continuerai mes études.	*I will continue my studies.*
Je ferai un apprentissage.	*I will do an apprenticeship.*
Je ferai une licence de ...	*I will do a degree in ...*
J'irai au lycée.	*I will go to the lycée [school for 16–19-olds].*
J'irai à l'université.	*I will go to university.*
Je serai mécanicien (ne).	*I will be a mechanic.*
Je serai diplômé(e).	*I will have a degree.*
Si j'ai de bonnes notes ...	*If I get good results ...*
Si mes rêves se réalisent ...	*If my dreams come true ...*
propre	*own*
avoir confiance en moi	*to have confidence in myself*
travailler en équipe	*to work as (part of) a team*

Pourquoi apprendre les langues?	*Why learn languages?*
apprécier la culture	*to appreciate the culture*
le commerce	*business*
une entreprise	*a company*
comprendre	*to understand*
un employé	*an employee*
un habitant	*an inhabitant*
une langue étrangère	*a foreign language*
le monde	*the world*
un mot	*a word*
parler anglais	*to speak English*
un pays étranger	*a foreign country*
un peu	*a little*
plus de 75%	*more than 75%*
sympathique	*friendly*
seulement	*only*
utiliser	*to use*
créer un site Internet	*to create a website*
J'écris des e-mails.	*I write e-mails.*
Je parle aux clients.	*I speak to the customers.*
Je suis responsable de ...	*I am in charge of ...*
Je traduis pour mes collègues.	*I translate for my colleagues.*
en français	*in(to) French*

Les conjonctions	*Connectives*
car	*because*
comme	*like/as*
donc	*therefore*
par exemple	*for example*
puisque	*since*
y compris	*including*
en général	*in general*

2 L'avenir **Cahier Rouge**

J'avance!

1 Record your levels for Module 2.

2 Set your targets for Module 3.

Skill	Levels at end of Module 2	Target levels for Module 3
Listening		
Speaking		
Reading		
Writing		

3 Fill in what you need to do to help you achieve these targets. For information about the level you are aiming for in each skill, see pages 63–64. An extra box has been added in case you have a personal target that spans across all four skills, for example to do with improving your study skills or language-learning skills.

Listening	
Speaking	
Reading	
Writing	
Personal target	

3 En bonne santé? **Cahier Rouge**

1 Je suis malade [pages 42–43]

1 **Casse-tête!** Regarde les images, lis les phrases et trouve le bon prénom pour chaque image.

A

B

C

D

- Une des filles est la sœur de Manon.
- Chloé a mal au pied.
- Une des filles qui a mal au bras s'appelle Lisa.
- Romane n'a pas mal à la tête.
- Manon n'a pas mal au bras.
- Romane est fille unique.
- La sœur de Chloé a mal à la tête.
- Romane n'a pas mal à l'œil.

2 Copie et complète les phrases avec la forme correcte de ces expressions:

> avoir chaud/froid/soif/faim/la grippe/de la fièvre
> être fatigué/enrhumé/malade

1 Je me suis couché à une heure du matin, donc je reste au lit, car …

2 Je ne viens pas au restaurant parce que j'ai beaucoup mangé à midi et …

3 Il neige et mon frère … C'est pourquoi il porte deux tee-shirts, un gros pull et sa veste!

4 Il y a de l'eau minérale et du jus d'orange dans le frigo, si tu …

5 Non, ce n'est pas la grippe, mais on a mal à la gorge et au nez. On …

3 Imagine que tes copains/copines et toi ont joué un match de foot violent hier. Décris comment ça va aujourd'hui!

Utilise: donc   parce que   car   pourtant   puisque

On a joué au foot contre Les Tigres hier et aujourd'hui, ça ne va pas très bien! Moi, j'ai mal … donc je ne peux pas aller/faire/jouer … et mon copain/ma copine … ne peut pas … puisqu'il/elle a mal …

2 Ça ne va pas! (pages 44–45)

3 En bonne santé?   **Cahier Rouge**

1 Lis le texte. Relie le français et l'anglais.

Denis Désastreux – cascadeur

Je m'appelle Denis Désastreux et je suis cascadeur. C'est-à-dire que je travaille dans les films et si le héros du film doit faire quelque chose de dangereux, ce n'est pas l'acteur qui le fait – c'est moi! Je fais ce métier depuis quinze ans et j'ai eu beaucoup d'accidents. Par exemple, dans le film *Mort en montagne*, j'ai fait du ski très vite devant une avalanche simulée. Malheureusement, je me suis heurté contre un arbre et je me suis cassé la jambe gauche et le pied droit. Peu après, dans le film *Les Trois mousquetaires*, dans une bataille à épées, je me suis coupé le nez et l'oreille droite, et j'ai passé plusieurs jours à l'hôpital. Et dans *Tarzan amoureux*, qu'on a filmé en Afrique, j'ai pris un coup de soleil affreux parce que je jouais Tarzan (donc, pas beaucoup de vêtements!) et il a fait très, très chaud. En plus, je me suis fait mordre par un serpent – heureusement qu'il n'était pas vénéneux! J'espère que mon prochain film sera un dessin animé!

 Try using the context (what the sentence or text is about) to work out the meaning of new words.

1 cascadeur — a poisonous
2 quelque chose de dangereux — b a sword fight
3 je me suis heurté contre un arbre — c I was bitten by
4 une bataille à épées — d something dangerous
5 je me suis fait mordre par — e stuntman
6 vénéneux — f I hope that
7 j'espère que — g I crashed into a tree

2 Explique en anglais:

1 what Denis's job involves
2 how he broke his left leg and right foot
3 why he spent several days in hospital while filming *The Three Musketeers*
4 what two injuries he received while filming *Tarzan in Love*

3 Continue l'histoire de Denis. Invente de nouveaux films et de nouveaux accidents. Utilise un dictionnaire, si nécessaire.

Dans le film *La Terreur de la mer*, je me suis fait mordre par un requin et je me suis fait mal au/à la/à l'/aux … /je me suis cassé le/la/l'/les …

3 Es-tu en forme? [pages 46–47]

3 En bonne santé? **Cahier Rouge**

1 Copie et complète le texte avec des phrases dans le puzzle.

l	e	p	a	u	g	u	j'	e	n	m	a	n	g	e
e	n	c	o	u	r	s	d'	a	é	r	o	b	i	c
m	o	n	f	m	a	f	a	i	b	l	e	s	s	e
o	n	p	o	u	r	l	a	s	a	n	t	é	d	e
e	n	f	o	r	m	e	f	o	i	r	s	t	a	d
c	j	e	s	u	i	s	a	l	l	é	e	l	u	é
p	l	u	s	d	e	f	r	i	t	e	s	a	v	é
u	n	a	p	a	r	s	e	m	a	i	n	e	l	t
n'	a	i	j	a	m	a	i	s	n'	y	p	o	e	x
m	a	l	d	e	è	u	j	e	n	e	b	o	i	s

Je m'appelle Nabila et la forme est très importante pour moi. Par exemple, je mange sain. Je ne mange _____ parce que c'est mauvais _____, mais j'adore les fruits et les légumes, donc _____ beaucoup. Je suis assez sportive. Hier, par exemple, _____ à la gym, où j'ai fait un _____ et après, de la natation. Je fais ça trois fois _____. Pour être _____, il faut boire assez d'eau. Malheureusement, _____ qu'un litre par jour. Je _____ fumé, cependant _____, c'est le chocolat. J'en mange de temps en temps, le soir.

Expo-langue
Negative expressions like **ne … plus, ne … que** and **ne … jamais** go around the verb.

Expo-langue
The pronoun **en** replaces **de** + noun. It goes in front of the verb.

2 Écris quatre phrases pour toi. Utilise ces mots:

| en | ne … plus | ne … que | ne … jamais |

_____
_____
_____
_____

4 La santé [pages 48–49]

1 Lis le texte de Simon Sain. Imagine que tu es Mathilde Malsain et donne de mauvais conseils.

> In a negative sentence, **du, de la, de l'** and **des** become **de**.
> Mange **du** poulet! → Ne mange pas **de** poulet!

> Hier à midi, j'ai mangé du poisson, une salade et des fruits. Après, je suis allé à la gym, où j'ai fait deux heures de musculation. Demain, je ferai du kickboxing et je commencerai des cours de judo. Je bois trois litres d'eau par jour et dors toujours huit heures par nuit. Je n'ai jamais fumé et j'évite le stress en faisant du yoga.

Ne mange pas de salade! Mange des frites! Ne fais pas … !

Expo-langue
The **tu**-form imperative: **(Ne) mange (pas) … ! (Ne) fais (pas) …** , etc.
The **vous**-form imperative: **(Ne) mangez (pas) … ! (Ne) faites (pas) …** , etc.

2 Écris des règles pour tes parents, ton frère ou ta sœur. Utilise ces verbes, si tu veux.

| emprunter – *to borrow* | entrer dans – *to come/go into* | porter – *to wear* |
| ranger – *to tidy* | rentrer – *to come home* | voler – *to steal* |

Maman et papa, ne rangez pas ma chambre!
Jamie, n'emprunte pas mes tee-shirts!

3 Fais un poster anti-forme!

Êtes-vous en forme? Avez-vous fait du sport hier? Avez-vous mangé sain?
Demain, irez-vous à la gym? Ou … ?
Pour être comme Homer Simpson, suivez ces règles:
Mangez plus de sucreries, comme les … , et moins de …
N'achetez pas de …

5 C'est ma vie! (pages 50–51)

3 En bonne santé? **Cahier Rouge**

1 Lis le dialogue. Relie le français et l'anglais.

Casse-tête: Écoutez. Le vol, c'est demain, à minuit. On ira à la banque en camionnette. Toi, tu es le chauffeur.
Bobo: D'accord, moi je suis le chauffeur.
Casse-tête: Non, pas toi, lui. Lui, il est le chauffeur.
Bobo: D'accord. Mais qui aura la dynamite?
Casse-tête: Elle, elle aura la dynamite!
Lola: Qui aura la dynamite? Moi?
Casse-tête: Non, elle. Elle aura la dynamite. Nous, on aura les revolvers.
René: Qui ça? Qui aura les revolvers? Toi et moi?
Casse-tête: Non, lui et moi, nous aurons les revolvers. Vous, vous aurez la corde. Vous attacherez les gardes.
René: Qui ça? Bobo et moi?
Casse-tête: Non, elles! Elles attacheront les gardes.
Monique: D'accord. Mais qui ouvrira le coffre-fort? Eux?
Casse-tête: Oui, eux, ils ouvriront le coffre-fort.
Bobo: Alors, elle et moi, on ouvrira le coffre-fort.
Casse-tête: Non, pas toi et elle. Toi et lui! Et moi, je prendrai l'argent!

1 robbery   a la corde
2 van   b ouvrir (*passé composé*: ouvert)
3 rope   c le vol
4 to tie up   d attacher
5 to open   e le coffre-fort
6 safe   f la camionnette

Expo-langue
Emphatic pronouns
moi   nous
toi   vous
lui   eux
elle elles

2 Casse-tête! Regarde les dessins. Qui fera quoi?

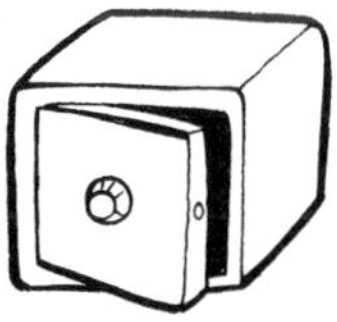

3 Imagine que tu es Bobo Labelle. Explique à la police qui a fait quoi.

René Renard, lui, il était le chauffeur de la camionnette. Lola, elle, elle a …

En plus

3 En bonne santé? **Cahier Rouge**

1 Lis le texte et complète les phrases en anglais.

 When reading a complex text, remember your reading strategies!
- Look for cognates and near-cognates.
- Use logic and common sense.
- Use context.
- Use your knowledge of French grammar.

L'été – saison des pollens. Attention au rhume des foins!

De la mi-février jusqu'à la mi-octobre, les quelque 5 millions de Français touchés par le rhume des foins rencontreront jusqu'à 11 millions de pollens par jour!

Les allergologues conseillent d'aérer la maison le matin, mais surtout de ne pas ouvrir ses fenêtres en fin de l'après-midi, car c'est le moment de la journée où l'air est le plus chargé de pollens. Pour les mêmes raisons, mieux vaut éviter de pratiquer un sport de plein air entre 16 et 19 heures, a fortiori par temps venteux et ensoleillé. Pour sortir, le port de lunettes solaires et d'un chapeau est vivement conseillé. Enfin, l'idéal serait de se rincer les cheveux – surtout s'ils sont longs – tous les soirs et d'éviter de jardiner durant ses jours de repos!

1 The hayfever season is from mid-_____ until _____.

2 The number of French people affected by hayfever is around _____.

3 Allergy experts advise hayfever sufferers not to open their _____ at the end of the _____.

4 It is also best to avoid practising any outdoor sport between _____.

5 The ideal thing is to rinse your hair every evening, especially if you have _____.

3 En bonne santé? Cahier Rouge

2 Trouve le français.

1. French people
2. hay-fever
3. at the end of the afternoon
4. in the open air
5. to rinse your hair

3 Trouve l'anglais dans un dictionnaire.

1. surtout
2. des lunettes solaires
3. un chapeau
4. jardiner
5. repos

4 Écris cinq conseils contre le rhume des foins. Utilise ces expressions:

Il ne faut pas ouvrir …
Il ne faut pas pratiquer …
Si vous sortez, portez …
Si vous avez les … , il faut rincer …
Évitez de … durant vos jours de …

5 Copie et complète le diagramme en français. Cherche dans le texte et dans un dictionnaire.

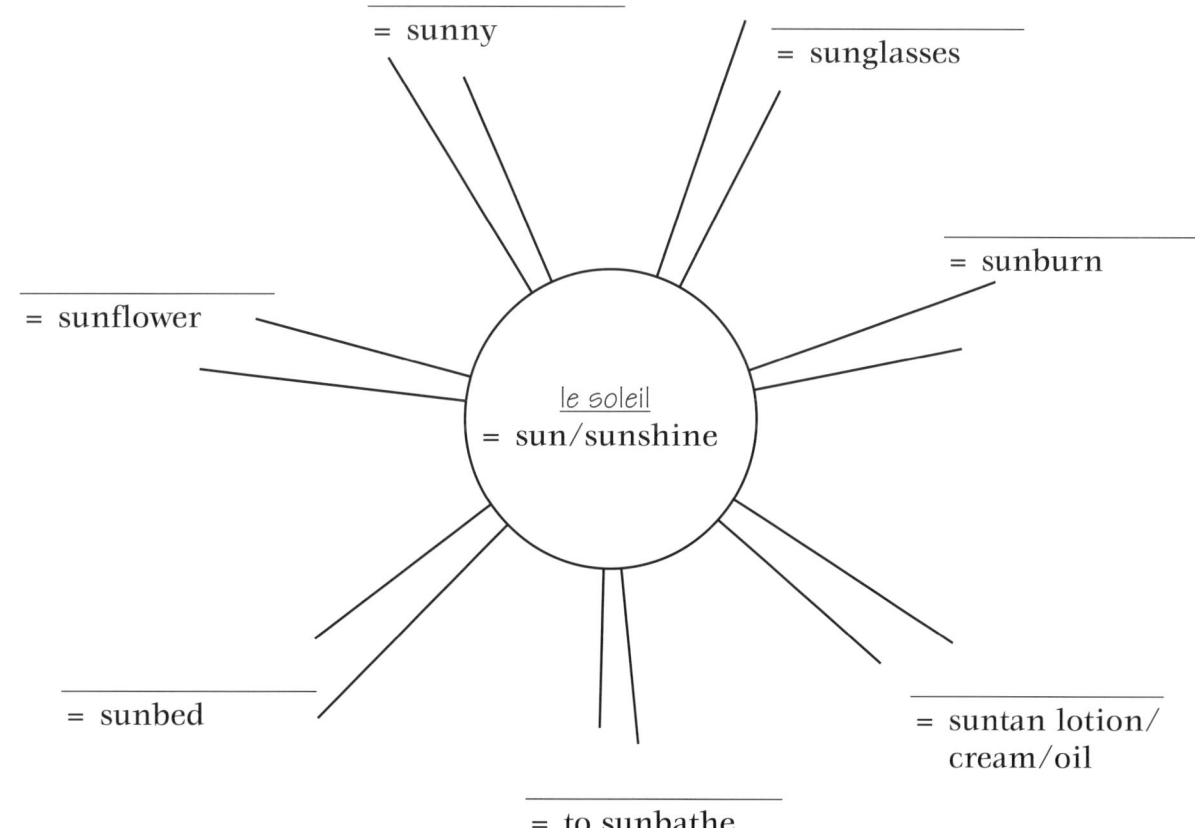

Mots

3 En bonne santé? Cahier Rouge

Les maladies	**Illnesses**
J'ai …	I've got …
… mal au dos	… backache
… mal au ventre	… stomachache
… mal au pied	… a bad foot
… mal au bras	… a bad arm
… mal au nez	… a sore nose
… mal à la tête	… a headache
… mal à la gorge	… a sore throat
… mal à la main	… a bad hand
… mal à la jambe	… a bad leg
… mal à l'oreille	… earache
… mal à l'œil	… a sore eye
… mal aux dents	… toothache
… mal aux yeux	… sore eyes
J'ai mal au cœur.	I feel sick.

Les symptômes	**Symptoms**
J'ai chaud.	I'm hot.
J'ai froid.	I'm cold.
J'ai faim.	I'm hungry.
J'ai soif.	I'm thirsty.
J'ai de la fièvre.	I've got a temperature.
J'ai la grippe.	I've got flu.
Je suis fatigué(e).	I'm tired.
Je suis enrhumé(e).	I've got a cold.
Je suis malade.	I'm ill.
depuis	since
car	because/as
donc	so/therefore
puisque	as/since
peut-être	perhaps

Les accidents	**Accidents**
Qu'est-ce qui ne va pas?	What's wrong?
Je suis tombé(e).	I fell.
Je suis resté(e) trop longtemps au soleil.	I stayed in the sun too long.
Je me suis fait bronzer.	I sunbathed.
Je me suis cassé la jambe.	I broke my leg.
Je me suis coupé le doigt.	I cut my finger.
Je me suis fait mal au bras.	I hurt my arm.
Je me suis fait piquer.	I got stung.
J'ai pris un coup de soleil.	I got sunburnt.
une guêpe	a wasp
une méduse	a jellyfish
C'est pas vrai!	You're kidding!
C'est bizarre!	That's weird!
Quelle horreur!	How terrible!

La forme	**Fitness**
bon pour la santé	good for your health
mauvais pour la santé	bad for your health
Je mange sain.	I eat well.
Je bois assez d'eau.	I drink enough water.
Je suis végétarien(ne).	I'm a vegetarian.
Je vais à la gym.	I go to the gym.
Je fais du kickboxing.	I do kickboxing.
Je fais de la musculation.	I do weight-lifting.
Je fais de la salsa.	I do salsa dancing.

Mots

3 En bonne santé? **Cahier Rouge**

Je fais de l'aérobic.	*I do aerobics.*
Je fume.	*I smoke.*
Ma faiblesse, c'est …	*My weakness is …*
ne … jamais	*never*
ne … plus	*no more, no longer*
ne … que	*only*

Les conseils — *Advice*

Mangez/Mange moins gras.	*Eat less fatty food.*
Mangez/Mange moins de sucreries.	*Eat less sweet food.*
Achetez/Achète plus de légumes.	*Buy more vegetables.*
Buvez/Bois beaucoup d'eau.	*Drink a lot of water.*
Dormez/Dors huit heures par nuit.	*Sleep eight hours a night.*
Évitez/Évite le stress.	*Avoid stress.*
Allez/Va au collège à pied.	*Go to school on foot.*
Prenez/Prends une salade.	*Have a salad.*
Faites/Fais de l'exercice.	*Do some exercise.*
Ne fumez/Fume pas.	*Don't smoke.*
Il faut …	*You must …*

Les pronoms toniques — *Emphatic pronouns*

moi	*I*
toi	*you*
lui	*he*
elle	*she*
nous	*we*
vous	*you*
eux	*they (m)*
elles	*they (f)*

Les activités de vacances — *Holiday activities*

le canoë-kayak	*canoeing*
le canyoning	*canyoning*
le char à voile	*sand-yachting*
le ski	*skiing*
la natation	*swimming*
l'escalade	*rock-climbing*

3 En bonne santé? **Cahier Rouge**

J'avance!

1 Record your levels for Module 3.

2 Set your targets for Module 4.

Skill	Levels at end of Module 3	Target levels for Module 4
Listening		
Speaking		
Reading		
Writing		

3 Fill in what you need to do to help you achieve these targets. For information about the level you are aiming for in each skill, see pages 63–64. An extra box has been added in case you have a personal target that spans across all four skills, for example to do with improving your study skills or language-learning skills.

Listening	
Speaking	
Reading	
Writing	
Personal target	

4 Il était une fois ... **Cahier Rouge**

1 Quand j'étais petit(e) ... [pages 60–61]

1 Lis le texte et les phrases. Qui a dit ça à l'âge de quatorze ans? Écris H (Hugo), B (Benjamin) ou 2 (les deux).

> Bonjour, je m'appelle Hugo Cabrel. Aujourd'hui, le 31 janvier 2051, c'est une date importante parce que non seulement c'est mon anniversaire (j'ai soixante ans), mais c'est aussi le quatorzième anniversaire de mon petit-fils, Benjamin. Moi, quand j'avais quatorze ans, en 2005, j'allais au collège, près de Paris. Tous les jours, j'avais des cours de huit heures et demie à dix-sept heures. J'adorais la musique rock et je la jouais très fort, surtout quand mes parents n'étaient pas là! Je portais toujours un tee-shirt et un jean noir. Le week-end, j'achetais des jeux d'ordinateur pour mon Gameboy ou je prenais le train pour aller à des concerts de rock à Paris.
>
> La vie de Benjamin est assez différente. Lui, il ne va pas au collège. Il reste à la maison, où il fait des cours interactifs. Il peut choisir les heures de ses cours, aussi. Il peut faire des maths à minuit ou du dessin à deux heures du matin. C'est pratique parce que l'après-midi, il travaille comme apprenti-technicien dans une société de jeux d'ordinateur. Le week-end, il aime sortir avec ses copains en voiture (il a son permis depuis deux ans). Une chose qui n'a pas changé: lui aussi, il adore la musique rock!

petit-fils – *grandson*   permis (de conduire) – *driving licence*

1 Mon anniversaire, c'est le 31 janvier.
2 Je fais les cours à la maison.
3 Mes cours finissent à cinq heures de l'après-midi.
4 Quelquefois, je fais mes cours le soir.
5 Je vais à Paris en train.
6 J'ai une voiture.
7 Je travaille dans la technologie.
8 J'aime les vêtements noirs.
9 J'adore la musique rock.

2 **Complète ces phrases avec un verbe à l'imparfait. Il y a plusieurs possibilités.**

Expo-langue
The imperfect tense is used to describe how things used to be. The ending for **je** is **–ais**.

1 _____ à la gym deux fois par semaine.
2 _____ toujours un sweat et des baskets.
3 _____ les émissions de télé-réalité.
4 Le week-end, _____ au rugby avec mes copains.
5 _____ beaucoup de photos en vacances.
6 Toutes les semaines, _____ des magazines de musique pop.

33

2 Le sport (pages 62–63)

4 Il était une fois ... **Cahier Rouge**

1 Complète le texte. Utilise les détails en anglais (mets les verbes à l'imparfait).

Justine Henin-Hardenne: championne de tennis

Justine Henin-Hardenne (surnom «Juju») est le numéro un mondial au tennis. Elle est belge et est née le 1er juin 1982. Elle habite maintenant avec son mari à Wépion, en Belgique, mais comme enfant, elle (1) _____ _____. À cinq ans, elle (2) _____ _____. Pendant les grandes vacances scolaires, elle (3) _____ _____. Et à six ans, (4) _____ _____. Au collège, (5) _____, mais à douze ans, elle a décidé d'arrêter le foot et de se concentrer sur le tennis.

1 used to live in Han-sur-Lesse, with her two brothers and her sister
2 used to take tennis lessons
3 used to play tennis all the time
4 used to take part in competitions
5 used to play football too

Expo-langue
For the imperfect tense, take the **nous** form of the present tense, remove **–ons** and add **–ais** (for **je**) or **–ait** (for **il/elle**).

prendre des cours de tennis
participer à des compétitions

2 Écris une interview avec Justine. Utilise ces questions:

- De quelle nationalité êtes-vous? _____
- Où habitez-vous? _____
- Êtes-vous fille unique? _____
- Où habitiez-vous comme enfant? _____
- Quels sports faisiez-vous au collège? _____
- Quand avez-vous décidé de vous concentrer sur le tennis? _____
  _____
- Que faisiez-vous pendant les grandes vacances? _____
- Est-ce que vous preniez aussi des cours de tennis? _____
- À quel âge avez-vous commencé à participer à des compétitions? _____
  _____

Expo 3 © Pearson Education Limited 2008

4 Il était une fois ... **Cahier Rouge**

3 Crime au château [pages 64–65]

1 Complète le texte et le puzzle.

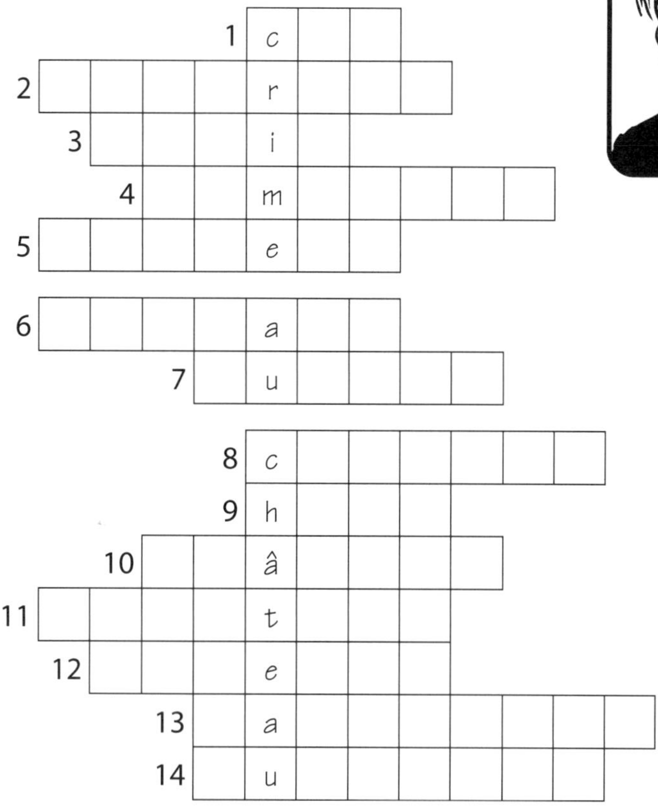

Il était (9) _____ heures moins le quart. Au (10) _____, Nana Lenoir (4) _____ ses diamants dans sa chambre. Bruno et Véronique (14) _____ un whisky dans le salon et Bruno (11) _____ avec la belle actrice. Maurice et Rachel (5) _____ dans le jardin, où ils (13) _____ ensemble. Il (7) _____ sa pipe et elle (2) _____. Jean Lejaune préparait le dîner. C'était son anniversaire, mais il n'y (3) _____ pas de (8) _____ pour lui.

Un quart d'heure plus tard, Nana (6) _____ un bain. Soudain, plus d'électricité! Quand elle est entrée dans sa chambre, elle a poussé un (1) _____ d'horreur: «On a volé mes diamants! (12) _____ la police!»

Expo-langue
You also use the imperfect tense to describe what was happening at a given moment. The imperfect tense ending for **il/elle** is **–ait** and for **ils/elles** is **–aient**.

4 Qui est coupable? (pages 66–67)

4 Il était une fois ... **Cahier Rouge**

1 Lis le texte et choisis entre 'qui' ou 'que'. Encercle le bon mot.

Six mois après le crime au château, Nana Lenoir s'est mariée avec son avocat, Maurice Lemauve. C'était pendant la grande fête de mariage **qui / (que)** Nana a donnée, qu'il y a eu un deuxième crime au château. Rachel Lerouge et Bruno Lebrun étaient invités, ainsi que Jean Lejaune, le domestique loyal de Nana, **qui / que** a préparé un dîner fantastique, avec l'aide de la nouvelle domestique, Lola Larose. Au dîner, tout le monde admirait les diamants fabuleux **qui / que** portait l'hôtesse, Nana. Vers onze heures du soir, les invités sont allés dans le salon, où ils buvaient du champagne et ils mangeaient du gâteau. Mais peu après, Nana se sentait très fatiguée et elle est allée au lit. Deux heures plus tard, quand Maurice est arrivé à la porte de la chambre, il a entendu Nana, **qui / que** criait: «Ah non! Ce n'est pas possible! On a encore volé mes diamants!»

On a bientôt découvert que Nana a été droguée! Mais ce n'était pas le champagne **qui / que** était drogué. La drogue était dans la tranche de gâteau **qui / que** Nana a mangée. Et c'est la nouvelle domestique, Lola Larose, **qui / qu'** a apporté le gâteau. Mais Lola Larose, c'est quelqu'un **qui / que** n'existe pas. Lola Larose, c'est Véronique Levert, **qui / que** s'est échappée de prison et **qui / que** s'est déguisée (n'oubliez pas qu'elle est actrice). Pendant que Nana dormait, Véronique a quitté le salon pour voler les diamants **qui / que** Nana gardait toujours dans sa chambre. C'est comme ça qu'on a volé les diamants pour la deuxième fois!

> *Expo-langue*
> **qui** refers to the **subject** of the verb: it means 'who'/'which'
> **que** refers to the **object** of the verb: it means 'who(m)'/'which'

2 Complète le résumé en anglais.

The second crime at the castle took place during _____.
After dinner, the guests were _____.
Nana started to feel _____ and so she _____.
When Maurice went to bed, he heard _____
_____. Someone had drugged _____. The
new maid, Lola Larose, was actually _____, who
_____.

4 Il était une fois ... **Cahier Rouge**

5 Deux champions olympiques canadiens
(pages 68–69)

1   Copie le texte dans le bon ordre.

Thomas Castaignède, joueur de rugby extraordinaire

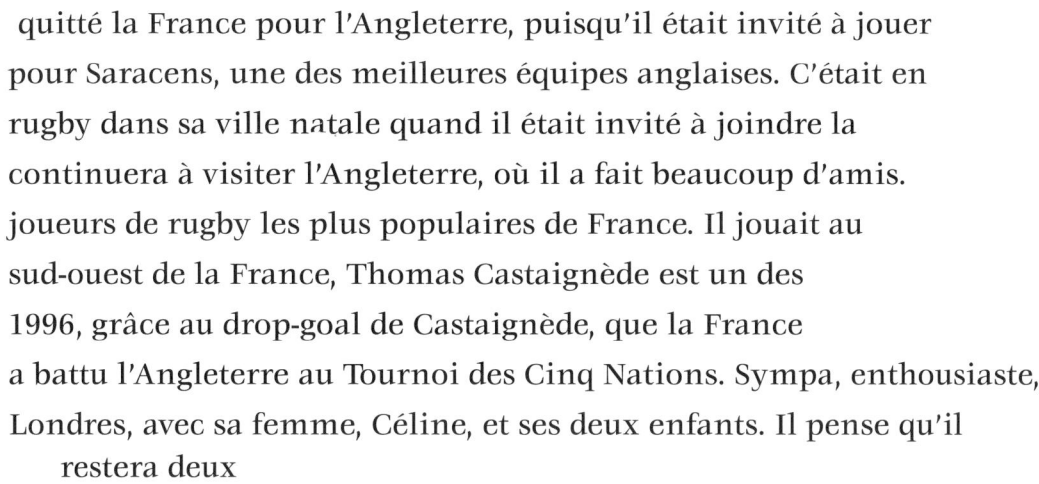

Né le 21 janvier 1975, à Mont-de-Marsan, dans le ...

quitté la France pour l'Angleterre, puisqu'il était invité à jouer
pour Saracens, une des meilleures équipes anglaises. C'était en
rugby dans sa ville natale quand il était invité à joindre la
continuera à visiter l'Angleterre, où il a fait beaucoup d'amis.
joueurs de rugby les plus populaires de France. Il jouait au
sud-ouest de la France, Thomas Castaignède est un des
1996, grâce au drop-goal de Castaignède, que la France
a battu l'Angleterre au Tournoi des Cinq Nations. Sympa, enthousiaste,
Londres, avec sa femme, Céline, et ses deux enfants. Il pense qu'il
  restera deux
travailleur et célèbre aussi pour ses cheveux souvent teints en blond, «TC»
  habite en ce moment à
ou trois ans en Angleterre, avant de retourner en France, mais il
célèbre équipe de rugby de Toulouse. Cependant, en 2000 il a

2   Complète les notes sur Thomas Castaignède en anglais. Utilise un dictionnaire, si nécessaire.

Nickname:	
Date of birth:	
Place of birth:	
First major team played for:	
Achievement in 1996:	
Reason for leaving France:	
Family:	
Personality:	
Physical characteristic:	
Future plans:	

37

En plus

1 Lis le texte et trouve l'essentiel.

Le sport: pour ou contre?

Bien entendu, il est essentiel de faire de l'exercice et je sais que le sport joue un rôle important pour la santé. Mais il peut aussi devenir une obsession. Par exemple, dans la ville où j'habite, je connais des gens de mon âge qui vivent pour le football. Pour eux, ce sport est plus important que la famille, le collège, l'avenir, tout. En plus, ils sont tout à fait intolérants. Il y a quelques semaines, un nouveau garçon, qui est assez timide et pas très sportif parce qu'il a de l'asthme, est arrivé au collège. Les autres élèves ont refusé de lui parler et se sont moqués de lui. Autre chose: les sportifs professionnels ne donnent pas toujours l'exemple aux jeunes. Combien de fois a-t-on vu à la télé des joueurs de tennis qui se disputent avec l'arbitre, ou des footballeurs qui se battent à cause d'une faute? Moi, je continuerai à faire du sport pour rester en forme, mais je ne le prendrai jamais trop au sérieux.

Yanis

Farida

Le sport peut être une très bonne chose. Par exemple, pour bien jouer à un sport, il faut avoir beaucoup de discipline et de savoir travailler avec les autres, souvent en équipe. Il y a une fille dans ma classe qui était très difficile; elle refusait de travailler et se disputait tout le temps avec les profs. Mais elle est une excellente nageuse et il y a deux mois, elle a participé à une compétition nationale de la natation. Elle a gagné et depuis, elle a complètement changé; elle travaille en classe, elle est plus sympa. C'est parce qu'elle a eu son premier succès. Maintenant, elle a un rêve: un jour, elle nagera aux Jeux olympiques. Les athlètes handicapés, comme Chantal Petitclerc et Benoît Huot, sont un autre exemple. Leur succès aux Jeux paralympiques encouragera d'autres jeunes qui ont des difficultés à faire un effort et à avoir de l'ambition. Le sport, ça donne de l'espoir.

4 Il était une fois ... Cahier Rouge

> Sometimes two different French words can have the same or a similar meaning in English: it is important to choose the correct French word for the context.

2 Trouve les mots dans le texte. Relie le français et l'anglais.

1 savoir (je sais)   a to live (e.g. to live for)
2 connaître (je connais)   b to live (in a place)
3 parce que   c because of
4 à cause de   d because
5 habiter   e to know (a fact or piece of information)
6 vivre (ils vivent)   f to know (a person or place)

3 Qui pense ... ? Écris Y (Yanis) ou F (Farida).

1 sport can give young people a goal in life   _____
2 sport encourages teamwork   _____
3 professional sportspeople set a bad example   _____
4 some young people are obsessed with sport   _____
5 sport plays an important part in healthy living   _____
6 sporting success can improve young people's behaviour in school   _____
7 some young people don't like you if you're not sporty   _____
8 you shouldn't take sport too seriously   _____

4 Lis les définitions et trouve le bon mot dans le texte. Utilise un dictionnaire, si nécessaire.

1 La personne dans un jeu de tennis qui ne joue pas, mais qui prend les décisions. _____
2 Un verbe qu'on utilise quand deux personnes se parlent et ne sont pas d'accord. _____
3 Un verbe qu'on utilise quand deux personnes sont agressifs, par exemple avec les mains ou les pieds. _____
4 Une maladie qui cause des problèmes de respiration. _____
5 Le mot qu'on utilise quand un joueur de football fait quelque chose qui est contre les règles. _____

Mots

4 Il était une fois ... **Cahier Rouge**

Quand j'étais petit(e) ... / When I was little ...

j'adorais ...	I used to love ...
mon ours en peluche	my teddy bear
mon petit train en bois	my little wooden train
j'avais ...	I used to have ...
les cheveux courts/ mi-longs/longs/ blonds/brun	short/medium-length/long/ blond/brown hair
j'étais ...	I used to be ...
gentil(le)	kind
mignon(ne)	sweet, cute
poli(e)	polite
têtu(e)	stubborn
vilain(e)	naughty
je faisais ...	I used to do/make ...
je jouais ...	I used to play ...
au ballon	with a ball
à la poupée	with dolls
aux petits soldats	with toy soldiers
je portais ...	I used to wear ...
un petit short	a little pair of shorts
un tee-shirt	a T-shirt
je regardais ...	I used to watch ...
les dessins animés	cartoons
les émissions pour enfants	children's programmes
mon objet le plus précieux, c'est/c'était	my most precious possession is/was

Les vêtements / Clothes

French	English
des bottes (f)	boots
des chaussures à semelles compensées	platform-soled shoes
un collant	a pair of tights
un collier	a necklace
une écharpe	a scarf
une mini-jupe	a mini-skirt
un pantalon	a pair of trousers
en laine	made of wool
en or	(made of) gold
en plastique	(made of) plastic
en satin	(made of) satin

Le sport / Sport

aller dans un club (de rugby)	to go to a (rugby) club
faire de l'athlétisme	to do athletics
faire de la natation /nager	to swim
faire du cross	to do cross-country running
faire partie d'un club	to be in a club
jouer depuis (cinq) ans	to have been playing for (five) years
jouer dans une équipe	to play for a team
jouer au foot	to play football
jouer au rugby	to play rugby
jouer au tennis	to play tennis
passionnant(e)	exciting
physique	physical

Quelques métiers / Some jobs

un acteur (une actrice)	actor (actress)
un(e) artiste	artist
un(e) avocat(e)	lawyer
un danseur/ une danseuse	dancer
un(e) domestique	servant
un inspecteur de police	police inspector
un jockey	jockey
un vendeur/ une vendeuse	shop assistant

Mots

Verbes utiles	*Useful verbs*
accuser	*to accuse*
admirer	*to admire*
annoncer	*to announce*
appeler	*to call*
apporter	*to bring*
attendre	*to wait for*
boire	*to drink*
chercher	*to look for*
dire la vérité	*to tell the truth*
entendre	*to hear*
exister	*to exist*
finir	*to finish*
flirter	*to flirt*
frapper	*to knock*
fumer	*to smoke*
impressionner	*to impress*
lire	*to read*
parler	*to speak*
payer	*to pay for*
pleurer	*to cry/weep*
pousser un cri	*to shout*
prendre un bain	*to have a bath*
préparer	*to prepare*
regarder par la fenêtre	*to look out of the window*
sortir du bain	*to get out the bath*
vendre	*to sell*
voir	*to see*
voler	*to steal*

Les crimes	*Crimes*
un alibi	*an alibi*
coupable de	*guilty of*
jaloux (jalouse)	*jealous*
pauvre	*poor*
riche	*rich*
un suspect	*a suspect*
un témoignage	*evidence/testimony*

Donner un avis	*Giving an opinion*
Je pense que …	*I think that …*
À mon avis …	*In my opinion …*
Tu es d'accord?	*Do you agree?*
Je (ne) suis (pas) d'accord.	*I (dis)agree.*
Ce n'est pas vrai.	*That's not right.*
Ce (n')est (pas) utile.	*It's (not) useful.*
Ce (n')est (pas) important.	*It's (not) important.*

Les Jeux paralympiques	*The Paralympic Games*
battre le record mondial	*to beat the world record*
connu(e)	*well-known*
la course en fauteuil roulant	*wheelchair racing*
devenir	*to become*
donner confiance en soi	*to give someone self-confidence*
essayer	*to try*
une étoile montante	*a rising star*
être le meilleur du monde	*to be the best in the world*
gagner une médaille	*to win a medal*
malgré	*in spite of*
un nageur (une nageuse)	*a swimmer*
né(e) à	*born in*
offrir l'occasion de	*to give the chance to*
remporter une médaille d'or	*to bring home the gold medal*
tous les deux	*both*
tout a changé	*everything changed*

4 Il était une fois ... **Cahier Rouge**

J'avance!

1. Record your levels for Module 4.
2. Set your targets for Module 5.

Skill	Levels at end of Module 4	Target levels for Module 5
Listening		
Speaking		
Reading		
Writing		

3. Fill in what you need to do to help you achieve these targets. For information about the level you are aiming for in each skill, see pages 63–64. An extra box has been added in case you have a personal target that spans across all four skills, for example to do with improving your study skills or language-learning skills.

Listening	
Speaking	
Reading	
Writing	
Personal target	

5 On y va! **Cahier Rouge**

1 On va en Normandie (pages 78–79)

1 Lis le texte et complète les paires.

Découverte de la Baie du Mont-Saint-Michel

Accompagné d'un guide expérimenté agréé «Guide de la Baie», traversez la baie du Mont-Saint-Michel en toute sécurité et découvrez l'univers des grèves, tranquillement au rythme de la marche ou du pas du cheval.

Plusieurs formules selon vos souhaits:
- Traversée traditionnelle (sans commentaire)
- Traversée commentée «Découverte de la baie» connaissances générales
- Sortie à thème toute l'année: les grandes marées, les oiseaux, la nature en baie, le rocher de Tombelaine
- Traversée «Grande randonnée découverte» (la journée – goûter compris)
- Traversée à cheval
- Traversée en «Maringotte» – voiture à cheval
- Traversée de nuit

Équipement:
- Saison estivale (d'avril à octobre): short, pieds nus, vêtements chauds, K-way, crème solaire, serviette de toilette
- Saison hivernale (de novembre à mars): tenue sportive, une paire de bottes, vêtements chauds, anorak, gants, bonnet

Dans tous les cas, prévoir dans un sac à dos: eau, ravitaillement

1 traverser *(to cross)*   la _____ *(crossing)*

2 découvrir *(to discover)*   la _____ *(discovery)*

3 connaître *(to know)*   la _____ *(knowledge)*

4 sortir *(to go out)*   la _____ *(trip, exit)*

2 Réponds aux questions en anglais. Utilise un dictionnaire si nécessaire.

1 Apart from walking, how else can you cross the bay?
2 What sort of a thing is a *Maringotte*?
3 Does the 'traditional crossing' come with a guided commentary or not?
4 If you take the *Grande randonnée découverte*, what is included?
5 If you cross the bay in summer, what should you wear on your feet?
6 Name two other things you should wear.
7 Name two things you should bring with you.

3 Écris des conseils pour des touristes qui veulent traverser la baie à pied. Utilise ces verbes à l'impératif:

> porter – *to wear*   apporter – *to bring*   oublier – *to forget*

Si vous traversez la baie en été, portez … , mais ne … pas de … et …

N'oubliez pas …

Mais si … en hiver, …

2 Attention au départ! (pages 80–81)

1 Regarde les images et écris une paragraphe pour cette personne. Utilise ces phrases:

> Si je gagne un million, je quitterai … et … en Australie.
> Quand j'arriverai, …
> Quand je rentrerai en Angleterre, …
> S'il pleut, …
> Quand je ferai les courses, …

Expo-langue
Before a statement in the future tense, use: **quand** + **the future tense**, but **si** + **the present tense**

2 Copie et améliore le texte. Remplace les phrases soulignées avec *y* et utilise ces conjunctions.

| et | ensuite | donc | car | après | puisque | parce que |

Le week-end prochain, j'irai à Bruxelles, la capitale de la Belgique.
On y parle français, donc ce sera …

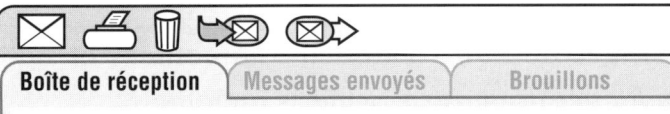

Boîte de réception | Messages envoyés | Brouillons

Le week-end prochain, j'irai à Bruxelles, la capitale de la Belgique. À Bruxelles, on parle français. Ce sera bien pour moi de pratiquer un peu la langue. J'ai des examens de français en mai. J'irai à Bruxelles en train avec l'Eurostar. C'est rapide et confortable. J'arriverai à Bruxelles vers midi. Quand j'arriverai, je trouverai mon hôtel. J'irai à pied à la Grande Place. On trouve de bons restaurants à la Grande Place. Je mangerai peut-être des fruits de mer à la Grande Place. J'adore ça. Dimanche, je prendrai le bus pour aller à Waterloo. À Waterloo, je visiterai le champ de la fameuse Bataille de Waterloo. Je ferai des photos à Waterloo. Si j'ai assez d'argent, j'achèterai des cadeaux-souvenirs pour ma famille à Waterloo.

Expo-langue
The pronoun **y** replaces **à + noun** and goes **in front of the verb**.

5 On y va! **Cahier Rouge**

3 Je voudrais un hôtel [pages 82–83]

1 Casse-tête! Lis et complète le dialogue.

● Bonjour. <u>Je voudrais une chambre</u> pour ma femme et moi, s'il vous plaît.

■ Pas de problème, monsieur. À l'Hôtel de Nulleville, il y a toujours des chambres!

● _____

■ D'accord, mais, vous savez, il fait froid dans la chambre. Vous ne préférez pas un grand lit?

● Non, merci. _____

■ Ah, bon? Si vous restez trois nuits, ce sera un miracle!

● _____

■ La chambre n'a pas de douche, mais il y a de l'eau dans toutes les chambres – surtout quand il pleut!

● _____

■ Désolé, monsieur. Mais nous avons une chambre avec vue sur le parking et une autre avec vue sur les toilettes publiques.

● _____?

■ Oui, monsieur, mais si vous ne voulez pas être malade, je vous conseille de manger en ville!

2 Qu'est-ce que tu aimerais faire plus tard dans la vie? Où voudrais-tu aller? Regarde le diagramme et écris un paragraphe.

étudier – *to study*
gagner – *to earn*
rencontrer – *to meet*

Plus tard dans la vie, j'aimerais étudier la médecine et travailler comme …

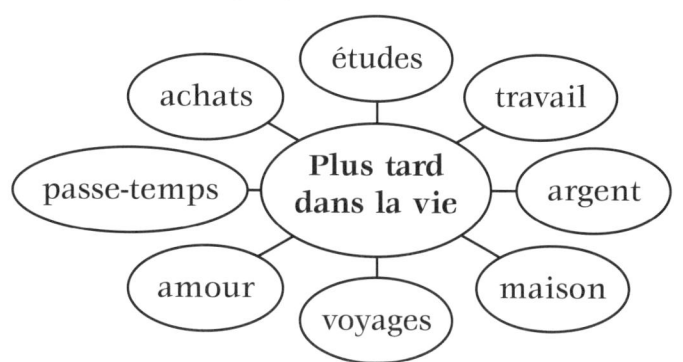

Plus tard dans la vie: études, travail, argent, maison, voyages, amour, passe-temps, achats

45

4 C'était comment? (pages 84–85)

1 Casse-tête! Cherche l'intrus et écris la bonne lettre.

1 voile ☐   équitation [c]   pétanque ☐   banane tractée ☐
2 canoë ☐   baby-foot ☐   volley-ball ☐   plage ☐
3 je faisais ☐   je voudrais ☐   je jouais ☐   je mangeais ☐
4 nous sommes allés ☐   je suis allée ☐   il est allé ☐   tu es allé ☐
5 fascinant ☐   inoubliable ☐   émouvant ☐   document ☐
6 Bayeux ☐   Marseille ☐   Giverny ☐   Arromanches-les-Bains ☐

parce que …

a le verbe est au conditionnel
b ce n'est pas en Normandie
c le mot commence avec une voyelle
d ce n'est pas un adjectif
e le verbe est au pluriel
f le mot est féminin

2 Casse-tête! Choisis un mot dans la case pour remplacer l'intrus dans l'exercice 1.

> The aim is to replace words so that there are no odd-ones-out.

1 _____rivière_____   4 _____
2 _____   5 _____
3 _____   6 _____

| Paris | marrant | elle est allée | Rouen | parc de loisirs | ils sont allés |
| Monet | j'aimerais | rivière | je regardais | lac |

3 Imagine que tu es allé(e) en Normandie. Qu'est-ce que tu as fait et pourquoi? C'était comment? Qu'est-ce que tu aimerais faire la prochaine fois? Écris deux ou trois paragraphes.

(Il y a deux ans), je suis allé(e) … avec … J'ai visité/fait/vu … parce que j'aime/j'adore …
C'était … J'aimerais y retourner (l'année prochaine) parce que je voudrais …

_____
_____
_____
_____

5 Les 24 heures du Mans (pages 86–87)

1 Copie et complète le texte avec des phrases dans le puzzle.

l	e	è	a	é	q	u	i	p	e	p	r	o	l	e
p	i	l	u	é	e	m	n	a	b	i	l	l	e	t
u	n	d	u	M	a	n	s	w	a	e	û	s	t	s
c	o	l	l	i	s	i	o	n	l	e	s	M	a	l
y	o	u	p	l	p	i	l	o	t	e	a	u	f	é
d	u	p	r	è	a	u	t	o	m	o	b	i	l	e
a	u	l	e	s	m	v	i	c	t	o	i	r	e	s
t	u	d	o	u	b	l	é	î	t	e	j	k	e	e
j	a	m	b	e	y	o	u	l	s	é	t	t	e	s
g	a	n	w	é	e	a	v	i	g	a	g	n	é	o

L'année prochaine, je voudrais aller aux 24 heures (1) _____ parce que j'adore la course (2) _____. J'essayerai d'acheter un (3) _____ sur Internet. Mon (4) _____ préféré, c'est le Français Yannick Dalmas, mais mon (5) _____ préférée, c'est Ferrari, qui a (6) _____ les 24 heures neuf fois. C'est moins de fois que Porsche, qui a eu quinze (7) _____. Comme passe-temps, mon frère fait du rallye, mais il s'est cassé la (8) _____ dans un accident. Malheureusement, il a (9) _____ la voiture d'un copain et il est entré en (10) _____ avec une autre voiture. C'était affreux, mais il va bien maintenant.

Malik

2 Réponds aux questions en français.

1 Où est-ce que Malik voudrait aller et pourquoi? _____

2 Qu'est-ce qu'il fera sur Internet? _____

3 Que fait Yannick Dalmas comme profession? _____

4 Combien de fois est-ce que Porsche a gagné les 24 heures? _____

5 Comment est-ce que le frère de Malik s'est fait mal? _____

En plus

1 **Lis le texte et trouve l'essentiel.**

Claude Monet, peintre impressionniste

Claude Monet est né le 14 novembre, 1840, à Paris, mais cinq ans plus tard, sa famille est allée habiter au bord de la mer, au Havre, en Normandie. À seize ans, il a pris des cours de dessin et quand il avait dix-neuf ans, il est allé à Paris, pour étudier la peinture. Monet adorait l'eau, la lumière et la couleur. En 1872, au Havre, il a acheté un bateau, qu'il utilisait comme atelier flottant et il y a peint son fameux tableau «Impression, soleil levant». C'était le critique Louis Leroy qui a inventé le nom «impressionniste». Quand il a vu ce tableau dans une exposition à Paris, Leroy a dit que c'était «une Exposition des Impressionnistes». Peu après, on commençait à parler de Monet et de ses amis comme des «peintres impressionnistes».

Dans ses tableaux impressionnistes, Monet peignait souvent par petites taches de couleur. Parmi ses sujets les plus célèbres étaient: la cathédrale de Rouen (qu'il a peinte au moins vingt fois, à des moments différents de la journée), des coquelicots (il adorait ces belles fleurs rouges), la mer autour de la côte normande et la rivière Tamise à Londres (qu'il a peinte pendant sa visite à la capitale anglaise en 1891).

En 1883, Monet et sa famille sont allés habiter à Giverny, entre Rouen et Paris. Il y a créé son fameux jardin d'eau si pittoresque, qui est toujours populaire avec les touristes d'aujourd'hui. Ses tableaux de son jardin, du pont japonais et des nymphéas sont parmi les tableaux les plus célèbres du monde. Claude Monet est mort à Giverny en 1926.

> When tackling a complex text, use context and your knowledge of French grammar to help you understand before resorting to a dictionary. For example:
> - You might not know what *les coquelicots* (2nd paragraph) are, but they are described as *ces belles fleurs rouges*. So what sort of thing are they?
> - You might not recognise the verb *peindre* in the sentences *il peignait* and *il a peinte* (2nd paragraph), but you should be able to tell which two tenses the verb is in and work out its meaning from the subject-matter of the text.

5 On y va! Cahier Rouge

2 Trouve le français.

1. to study painting
2. light
3. boat
4. floating studio
5. his famous picture/painting
6. sunrise
7. exhibition
8. spots of colour
9. poppies
10. the river Thames
11. Japanese bridge
12. water-lilies

3 Copie et complète les phrases.

1. Quand il était petit, Monet habitait …
2. Il a étudié la peinture …
3. Monet a peint le tableau «Impression, soleil levant» en …
4. On appelait Monet et ses amis …
5. Il a peint au moins vingt tableaux de …
6. Quand il est allé à Londres, Monet a peint …
7. Les touristes adorent visiter …
8. Les fleurs dans le jardin d'eau de Monet s'appellent …

4 Explique en anglais …

1. how Monet and his friends came to be called impressionist painters
2. five of the subjects of Monet's paintings
3. why Giverny is such a popular tourist attraction in Normandy

5 Cherche sur Internet ou dans une bibliothèque des photos des tableaux de Monet.

Mots

Les adjectifs	*Adjectives*
beau (belle)	*beautiful*
bon (bonne)	*good*
célèbre	*famous*
délicieux (délicieuse)	*delicious*
fascinant(e)	*fascinating*
historique	*historical*
joli(e)	*pretty*
pittoresque	*picturesque*

La publicité touristique	*Tourist adverts*
Amusez-vous!	*Enjoy yourself!*
Découvrez … !	*Discover … !*
Venez … !	*Come … !*
Visitez … !	*Visit … !*
Voyez … !	*See … !*
Goûtez … !	*Taste … !*
Ne manquez pas … !	*Don't miss … !*
situé(e) …	*situated …*
le paysage	*countryside*
la gastronomie	*gourmet food*
la cuisine normande	*Norman cuisine*
les fruits de mer	*seafood*
l'île (f)	*island*
la Tapisserie de Bayeux	*the Bayeux Tapestry*
la Seconde Guerre mondiale	*the Second World War*

La population	*Population*
un habitant	*inhabitant*
mille	*a thousand*
un million	*a million*
environ/à peu près	*approximately*

Les voyages	*Travel*
vite	*quick, quickly*
cher (chère)	*expensive*
le Tunnel sous la Manche	*the Channel Tunnel*
le ferry	*ferry*
l'avion (m)	*aeroplane*
l'aéroport (m)	*airport*
les bagages (mpl)	*luggage*
la grève	*strike*
la queue	*queue*
tard/en retard	*late*
Si on prend le train …	*If we go by train…*
Quand on arrivera …	*When we get there …*

Les hôtels	*Hotels*
Je voudrais … / J'aimerais …	*I would like …*
réserver	*to reserve/book*
une chambre (pour)	*a (bed)room (for)*
une/trois nuit(s)	*one/three night(s)*
une/deux personne(s)	*one/two people*
du (5) au (7 juillet)	*from the (5th) to the (7th of July)*
à deux lits	*with two (single) beds*
avec …	*with …*
douche/vue sur la mer	*shower/sea view*
balcon/télé-satellite	*balcony/satellite TV*
Est-ce qu'il y a … à l'hôtel?	*Is there … in the hotel?*
un sauna	*a sauna*
une salle de gym	*a gym*
une piscine chauffée	*a heated swimming pool*
de luxe	*luxury*
tranquille	*quiet*
Madame, Monsieur	*Dear Sir or Madam*

Mots

5 On y va! Cahier Rouge

Au parc d'attractions	*At the theme-park*	**Les 24 heures du Mans**	*Le Mans 24-hour race*
le baby-foot (humain)	*(human) table football*	la course automobile	*motor-racing*
le canoë	*canoeing*	les 24 heures	*the 24-hour race*
la pétanque	*boules (French bowling)*	l'expérience (f)	*experience*
		inoubliable	*unforgettable*
		commencer à	*to start to*
la voile	*sailing*	réussir à	*to manage to*
l'équitation (f)	*horse-riding*	décider de	*to decide to*
la banane tractée	*banana riding*	essayer de	*to try to*
la prochaine fois	*next time*	avoir lieu	*to take place*
essayer	*to try*	le billet	*ticket*
		la victoire	*victory, win*
		l'équipe (f)	*team*
		gagner	*to win*
		une fois/deux fois	*once/twice*
		doubler	*to overtake*
		entrer en collision avec	*to crash into*
		la première/deuxième/troisième place	*1st/2nd/3rd place*

J'avance!

1. Record your levels for Module 5.
2. Set your targets for Module 6.

Skill	Levels at end of Module 5	Target levels for Module 6
Listening		
Speaking		
Reading		
Writing		

3. Fill in what you need to do to help you achieve these targets. For information about the level you are aiming for in each skill, see pages 63–64. An extra box has been added in case you have a personal target that spans across all four skills, for example to do with improving your study skills or language-learning skills.

Listening	
Speaking	
Reading	
Writing	
Personal target	

6 Les droits des jeunes **Cahier Rouge**

1 Apprendre, c'est vivre [pages 96–97]

1 Lis les phrases et décide si chaque professeur travaille en France (écris F) ou en Grande-Bretagne (écris GB). Si les deux sont possibles, écris 2.

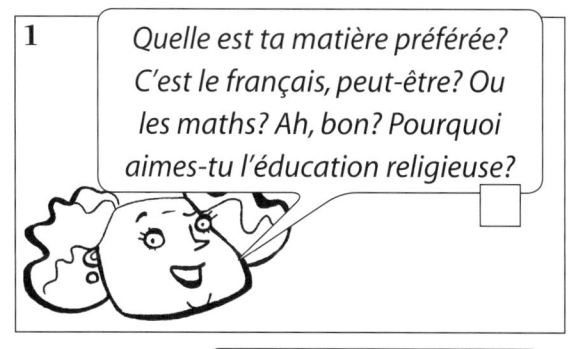

1. *Quelle est ta matière préférée? C'est le français, peut-être? Ou les maths? Ah, bon? Pourquoi aimes-tu l'éducation religieuse?*

2. *Samedi, je suis allé à la pêche. J'ai passé toute la journée à la rivière. C'était chouette.*

3. *Alors, vas en ville à midi et achète un nouveau cahier, s'il te plaît.*

4. *Aujourd'hui, on apprendra un peu sur les impressionnistes. Qui peut me dire le nom d'un peintre français impressionniste?*

5. *Tu sais bien que ce jean et ce tee-shirt, ça ne va pas. Et demain, tu porteras ta cravate!*

6. *Pourquoi es-tu en retard? Il est déjà huit heures et quart et les cours ont commencé il y a quinze minutes!*

7. *Voici vos devoirs pour ce soir. Vous ferez les exercices trois et quatre à la page cinquante-six.*

8. *Madame Allen est absente aujourd'hui, donc moi, je ferai le cours. Ouvrez vos livres à la page trente.*

2 Écris deux paragraphes sur le collège, un paragraphe pour un(e) élève français(e) et un pour un(e) élève britannique. Donne une opinion, aussi.

Moi, je vais au collège en France. Nos cours commencent à … et finissent …
On doit acheter … Il n'y a pas de … Si … À mon avis …

53

6 Les droits des jeunes **Cahier Rouge**

2 Au travail, les jeunes! (pages 98–99)

1 **Casse-tête!** Fais un dialogue. Utilise toutes les phrases. Il y a plusieurs possibilités.

- Je n'ai pas assez d'argent! Ma mère ne me donne rien!
- Mais c'est parce que tu ne fais rien! Il faut aider ta mère un peu.

Pourquoi ne pas travailler dans le restaurant de ton oncle?
Ah, non, pas ça! Je n'aime pas me lever tôt.
Allergique? Allergique à quoi?
Alors, je te conseille de trouver un petit travail. Tu peux livrer des journaux.
Je ne peux pas! C'est un restaurant hamburger et je suis végétarienne.
Comment est-ce que je peux l'aider?
Ah, non! Je déteste nettoyer la maison. Je trouve ça ennuyeux.
Ou bien tu peux travailler dans un supermarché.
Ah, non! Je ne peux pas parce que j'ai mal au dos.
Allergique au travail!
Tu peux aider à la maison. Tu peux passer l'aspirateur, par exemple.
D'accord, mais tu peux sortir la poubelle, non?
Ah, non! J'ai fait ça l'année dernière et c'était nul.
Tu sais, tu es peut-être allergique.

> **Expo-langue**
> Indirect object pronouns:
> **me** (me/to me)   **te** (you/to you)   **lui** (him/her/to him/to her)

2 Copie et complète les phrases avec *me*, *te* ou *lui*.

1 Quand je travaillais dans le café de mon père, il _____ payait vingt livres sterling par semaine.

2 Ma copine aura des examens cette année et si elle a de bons résultats, son père _____ donnera un cadeau.

3 Puisque tu as bien travaillé cette semaine, je _____ payerai quinze livres.

4 Quand mon frère était petit, mes parents _____ disaient: «Si tu manges tes légumes, le Père Noël _____ donnera un vélo.»

5 Hier, au travail, on _____ a dit que si je continue à bien travailler, on _____ payera trente livres par jour.

6 Les droits des jeunes **Cahier Rouge**

3 Combattre la faim [pages 100–101]

1 Casse-tête! Complète chaque groupe de mots. Les mots que tu cherches se trouvent aux pages 100–101 de ton livre.

> Find the connection between the example words for each group. Then apply the same pattern to the other words.

1 urgent: l'urgence
   difficile: _____
   malade: _____
   pauvre: _____

2 aimer: on aimerait
   devoir: _____
   pouvoir: _____
   vouloir: _____

3 partir: ils partent
   vivre: _____
   venir: _____
   mourir: _____

4 la mort: la vie
   jeune: _____
   d'accord: _____
   la richesse: _____

5 L'Angleterre: la Grande-Bretagne
   New York: _____
   Tokyo: _____
   le Malawi: _____

6 Paris: une ville
   l'Amérique du Sud: _____
   le SIDA: _____
   Médecins Sans Frontières: _____

2 Réponds aux questions. Écris deux ou trois paragraphes.

À ton avis, quels sont les plus grands problèmes des pays en voie de développement?
Qu'est-ce qu'on pourrait faire?
Qu'est-ce que le gouvernement britannique devrait faire?
Et toi, qu'est-ce que tu voudrais faire?

À mon avis, les plus grands problèmes de … sont la … et … On pourrait …
Je pense que le gouvernement … Moi, (à l'avenir,) je voudrais…

6 Les droits des jeunes — Cahier Rouge

4 Les droits et la religion (pages 102–103)

1 Complète le puzzle.

1 Si on est … , un des symboles de sa religion est la menorah.
2 Lila et Alma voulaient porter le … au lycée.
3 Le … de discipline a décidé que le foulard est «un signe religieux ostentatoire».
4 La religion principale de la France est la religion …
5 La Bible est le … sacré des catholiques et des protestants.
6 La statue de Bouddha est un symbole important pour un(e) …
7 Lila et Alma voulaient porter le symbole de la religion …
8 Comme la croix pour les catholiques, les minarets sont un … pour les musulmans.
9 Pour un … , le livre sacré s'appelle le Mahabarata.
10 Lila et Alma ont été … de leur lycée.
11 Le livre … des musulmans s'appellent le Coran.
12 La … est le symbole des protestants et des catholiques.
13 Il n'y a pas d'éducation religieuse dans les … françaises.
14 Une personne qui n'est pas religieux est … religion.

2 Trouve et copie les opinions sur le foulard en classe.

1 musulmans un c'est contre préjugé les
2 symbole religion est la foulard musulmane le important de un
3 ne porter on si veut qu'on libre on pas ce n'est pas peut
4 être et religion séparées la devraient l'éducation
5 ses de personne faut la vêtements il choisir respecter de liberté chaque

6 Les droits des jeunes **Cahier Rouge**

5 Les grands défenseurs des droits
(pages 104–105)

1. On parle de qui? Écris Gandhi, Martin Luther King, Nelson Mandela ou Mère Térésa. Parfois, <u>deux</u> personnes sont possibles.

   a   b   c   d

   Qui … ?

   1 a gagné le prix Nobel de la Paix? _____
   2 refusait de manger, pour la liberté de son pays? _____
   3 a passé vingt-six ans en prison? _____
   4 luttait contre les préjugés raciaux? _____
   5 aidait les gens les plus pauvres du monde? _____
   6 a parlé de son rêve de justice dans un célèbre discours? _____
   7 est devenu président de son pays? _____
   8 est mort assassiné? _____
   9 a libéré une femme, arrêtée à cause d'une loi raciste? _____
   10 n'était pas de nationalité indienne, mais habitait en Inde? _____

2. Fais un quiz pour ton/ta partenaire. Écris quatre autres questions sur Gandhi, King, Mandela et Mère Térésa.

   _____
   _____
   _____
   _____

3. Fais des phrases avec les questions de l'exercice 1. Puis écris un paragraphe sur les quatres personnes, en utilisant les phrases. Utilise d'autres mots aussi.

   <u>… luttait contre les préjugés raciaux, par exemple, il a libéré une femme …</u>
   _____
   _____
   _____

En plus

6 *Les droits des jeunes* **Cahier Rouge**

1 Lis et complète le texte.

Qu'est-ce que c'est, un héros ou une (1) _____? Est-ce le stéréotype des BD américaines? Un type musclé comme (2) _____ ou Superman, qui lutte contre la criminalité et qui sauve le monde? Ou est-ce un soldat courageux qui meurt pour son pays pendant la guerre? Si on demandait aux jeunes de nommer leurs (3) _____, qui seraient-ils? Un sportif ou une sportive qu'ils admirent, peut-être, comme leur (4) _____ préféré. Ou bien une héroïne du grand ou du petit écran, comme Buffy. Certains choisiraient même un anti-héros, (5) _____ Homer Simpson.

Par contre, si on pense aux vraies personnes qui ont (6) _____ le monde pour le mieux, on pourrait dire que la vie d'un homme tel que Nelson Mandela ou Martin Luther King était héroïque. Quelles sont donc les qualités d'un héros ou d'une héroïne? Bien sûr, le courage est (7) _____. Mais l'intelligence, la (8) _____, la gentillesse et la détermination comptent aussi.

Tu voudrais savoir qui sont mes héros? J'ai (9) _____ d'admiration pour l'homme de paix Gandhi. Et j'ai un héros (10) _____ aussi; c'est Thierry Henry. Mais mon héroïne, c'est quelqu'un d'ordinaire (même si elle est extraordinaire pour moi). C'est ma grand-mère. Pourquoi? D'abord, parce qu'elle a (11) _____ comme infirmière pendant quarante ans. Maintenant elle ne travaille plus parce qu'elle est à la retraite et elle ne va pas très bien. Elle a souvent mal au dos et aux (12) _____ à cause de l'arthrite, mais elle est toujours gentille, patiente, souriante et généreuse. Pour moi, elle est une vraie héroïne.

Louis

| héros | important | travaillé | comme | beaucoup | footballeur |
| jambes | changé | Batman | héroïne | sportif | patience |

6 Les droits des jeunes Cahier Rouge

2 Trouve dans le texte deux exemples de ces techniques:

- Rhetorical questions (questions you don't really expect an answer to)
  _____

- Lists of words from the same category
  _____

- Giving examples (look for words like *comme, par exemple, tel que*)
  _____

3 Complète la grille. Si les mots ne sont pas dans le texte, devine. Puis vérifie dans un dictionnaire.

Nom	Adjectif au masculin	Adjectif au féminin
le héros / la héroïne	héroïque	
		patiente
le sourire		
		gentille
	musclé	
la générosité		
	courageux	
		intelligente

4 Réponds aux questions en anglais.

1 Which four types of hero does Louis suggest young people might think of?
_____

2 Whose lives does he say might be described as heroic? _____
_____

3 What are the five qualities of a hero which he says are important?
_____

4 Who are Louis's personal famous heroes? _____

5 Why is his grandmother his heroine? (Give as many reasons as possible.)
_____

5 À ton avis, qu'est-ce que c'est un héros? Quelles sont les qualités d'un héros? Qui est-ce que tu admires et pourquoi? Écris un/deux paragraphes.
_____
_____
_____
_____
_____

Mots

6 Les droits des jeunes — **Cahier Rouge**

L'école	School
le collège	secondary school
le professeur	teacher
absent(e)	absent
les affaires (f)	things
annulé(e)	cancelled
apprendre	to learn
choisir	to choose
commencer	to begin
le cours	the lesson
finir	to end
fournir	to provide
la journée scolaire	the school day
la matière	the school subject
l'éducation religieuse (f)	religious education
porter	to wear
propre	own
l'uniforme scolaire	school uniform
mon, ma, mes	my
ton, ta, tes	your
son, sa, ses	his/her
notre, nos	our
votre, vos	your
leur, leurs	their

Donner ton opinion	Giving your opinion
À mon avis, …	In my opinion, …
Je pense que …	I think that …
L'avantage principal est que …	The main advantage is that …
D'un autre côté, …	On the other hand, …
Tu es d'accord?	Do you agree?
Je (ne) suis (pas) d'accord.	I (don't) agree.
Tu as raison!	You're right!

Le travail	Work
Je (ne) travaille (pas) …	I (don't) work …
en dehors de la maison	outside my home
Je livre des journaux.	I deliver newspapers.
J'aide à la maison.	I help at home.
Je mets la table.	I set the table.
Je vide le lave-vaisselle.	I empty the dishwasher.
Je passe l'aspirateur.	I do the vacuuming.
Mon frère sort la poubelle …	My brother puts out the bin …
tous les matins	every morning
pendant la semaine	during the week
On me donne …	I'm given …
Mes parents me donnent …	My parents give me …
de l'argent de poche	pocket money
4 livres sterling	£4
par jour	per day
Je paie mes vêtements.	I pay for my clothes.
me	(to) me
te	(to) you
lui	(to) him/her

Les enfants travailleurs	Child workers
un(e) domestique	a servant
un foyer d'enfants	a children's home
nettoyer la maison	to clean the house
nourrir	to feed
une organisation bénévole	a voluntary organisation/charity

Mots

6 Les droites des jeunes **Cahier Rouge**

Combattre la faim / *Tackling world hunger*

un adolescent	*a teenager*
en dessous du seuil de pauvreté	*below the poverty line*
l'espérance (f) de vie	*life expectancy*
la faim	*hunger*
la guerre	*war*
une maladie	*an illness*
mourir	*to die*
les personnes âgées	*elderly people*
le Sida	*Aids*
tuer	*to kill*

Une bonne cause / *A good cause*

on devrait …	*you ought to / should …*
on pourrait …	*you could …*
je voudrais …	*I would like to …*
collecter de l'argent	*collect money*
faire du bénévolat	*do voluntary work*
les pays en voie de développement	*the developing countries*
acheter des produits issus du commerce équitable	*buy fair trade products*
parrainer un enfant	*to sponsor a child*
soutenir	*to sustain, support*
un(e) volontaire	*a volunteer*

La religion / *Religion*

bouddhiste	*Buddhist*
catholique	*Catholic*
juif	*Jewish*
musulman	*Muslim*
protestant	*Protestant*
sans religion	*without a religion*
un pratiquant	*a believer*
le livre sacré	*the sacred book*
ça fait partie de leur religion	*that's a part of their religion*
choisir	*to choose*
un conseil de discipline	*a discipline committee*
exclu(e)	*excluded, expelled*
un foulard	*a religious headscarf (worn by Muslim women)*
la liberté	*freedom*

Les défenseurs des droits / *Human rights defenders*

arrêter	*to arrest*
l'arrière	*the back*
assassiner	*to murder*
l'avant	*the front*
un avocat	*a lawyer*
se battre pour	*to fight for*
célèbre	*famous*
un discours	*a speech*
une grève de la faim	*a hunger strike*
libérer	*to liberate/set free*
la loi	*the law*
lutter	*to fight/struggle*
une manifestation	*a demonstration*
se mélanger à	*to mix with*
un moyen	*a method*
la paix	*peace*
une passagère	*a passenger (female)*
pénible	*hard*
supprimer	*to get rid of*

Bilan fin d'année

1. Look back through your Workbook and note down the level you achieved in each skill by the end of each Module.
2. Then fill in your level for Module 6.

You now have a record of your progress in French for the whole year.

	Listening	Speaking	Reading	Writing
1 Ça t'intéresse?				
2 L'avenir				
3 En bonne santé?				
4 Il était une fois …				
5 On y va!				
6 Les droits des jeunes				

National Curriculum Levels

Attainment Target 1: Listening

Level 3	I can understand short spoken passages and pick out the main points.
Level 4	I can understand longer spoken passages and pick out the main points and some of the detail.
Level 5	I can understand spoken passages containing words and phrases from different topics. I can recognise if people are speaking about the future **OR** the past as well as the present. I can recognise if they are giving opinions.
Level 6	I can understand spoken passages about past, present and future events. I can understand words and phrases I have learnt, even if they come up in a new topic.
Level 7	I can understand spoken material containing complicated sentences. I can understand people's points of view on a topic. I can work out what a spoken passage is about even if it contains words and phrases I do not know.

Attainment Target 2: Speaking

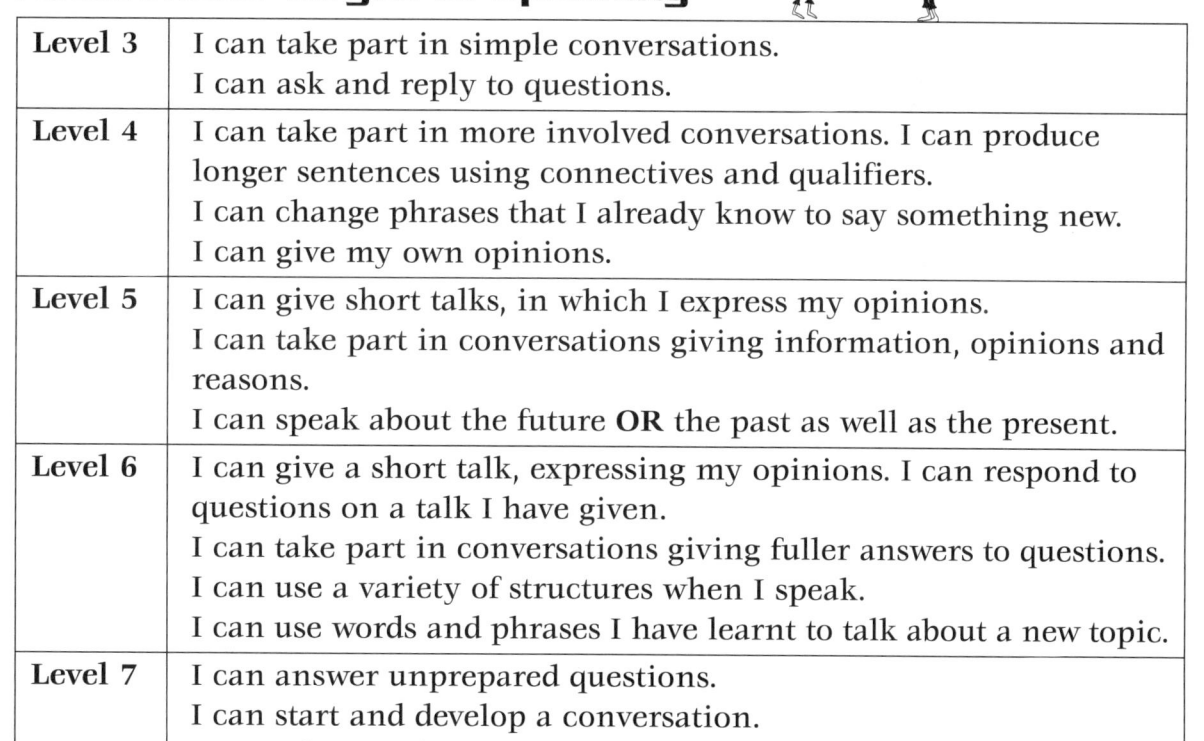

Level 3	I can take part in simple conversations. I can ask and reply to questions.
Level 4	I can take part in more involved conversations. I can produce longer sentences using connectives and qualifiers. I can change phrases that I already know to say something new. I can give my own opinions.
Level 5	I can give short talks, in which I express my opinions. I can take part in conversations giving information, opinions and reasons. I can speak about the future **OR** the past as well as the present.
Level 6	I can give a short talk, expressing my opinions. I can respond to questions on a talk I have given. I can take part in conversations giving fuller answers to questions. I can use a variety of structures when I speak. I can use words and phrases I have learnt to talk about a new topic.
Level 7	I can answer unprepared questions. I can start and develop a conversation. I can take part in conversations on more serious topics.

Attainment Target 3: Reading

Level 3	I can understand short texts and pick out the main points.
Level 4	I can understand the main points of short written texts and some of the detail. Sometimes I can work out the meaning of new words from what I already know.
Level 5	I can understand longer texts containing words and phrases from different topics. I can recognise if the texts are about the future **OR** the past as well as the present.
Level 6	I can understand longer texts about the past, present and future. I can work out what texts are about if they contain words and phrases I have learnt in other topics. I can work out the meaning of new words and phrases with the help of words and phrases I know already.
Level 7	I can understand texts containing complicated sentences. I can read and understand another person's point of view on a topic. I can work out what a text is about even if it contains words and phrases that I do not know. I can find words and phrases in texts to use when I speak and write.

Attainment Target 4: Writing

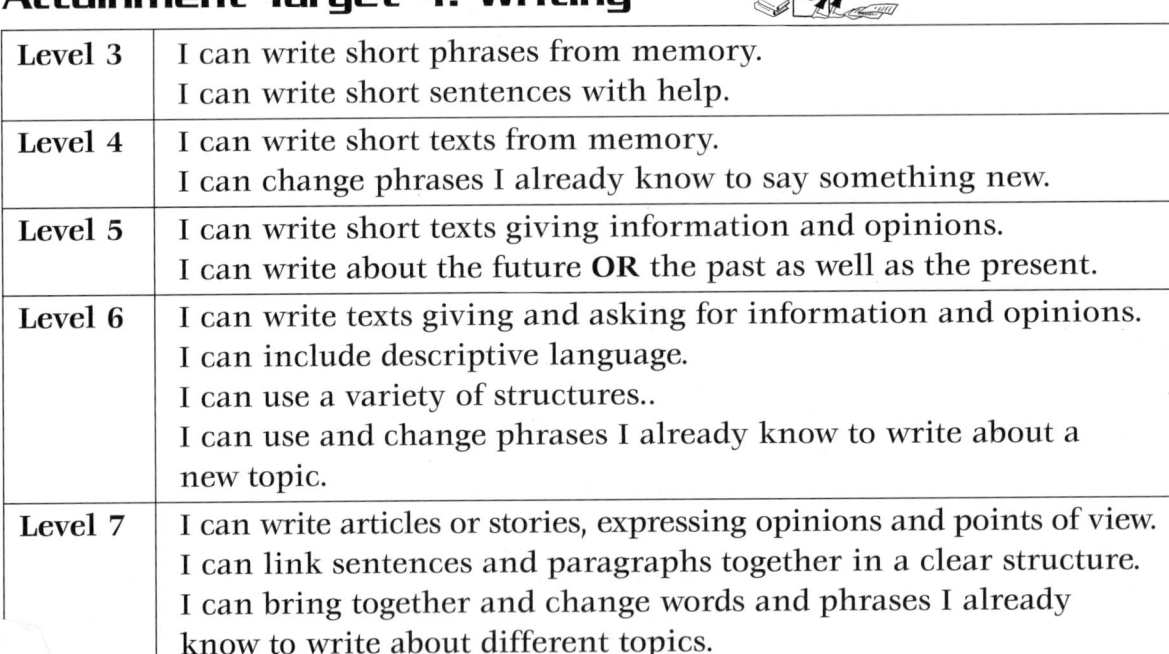

Level 3	I can write short phrases from memory. I can write short sentences with help.
Level 4	I can write short texts from memory. I can change phrases I already know to say something new.
Level 5	I can write short texts giving information and opinions. I can write about the future **OR** the past as well as the present.
Level 6	I can write texts giving and asking for information and opinions. I can include descriptive language. I can use a variety of structures.. I can use and change phrases I already know to write about a new topic.
Level 7	I can write articles or stories, expressing opinions and points of view. I can link sentences and paragraphs together in a clear structure. I can bring together and change words and phrases I already know to write about different topics.